변하지 않는 것에
투자하라

중장기 투자자를 위한 이기는 투자의 조건

변하지 않는 것에 투자 하라

박주근 지음

연합인포맥스북스

투자 가치가 있는 기업을 찾기 위한 또 다른 관점

 이른 새벽 안개가 자욱한 초행길을 내비게이션도 없이 운전하는 것은 누구에게나 두려운 일이다. 옅은 어둠이 채 가시지도 않았다. 중앙 분리대가 없는 길에서 중앙선도 차선도 잘 보이지 않는다. 앞 차의 불빛을 따라가면 되지만 그렇지도 못한 상황이다. 지금의 기업들과 투자자들의 현실이 이와 같다.

 지금까지 기업들은 누구를 따라가야 하는지, 어떻게 가고 있는지, 그리고 누가 내 옆에서 어떻게 경쟁하는지가 분명해서 그저 열심히 가면 되었다. 이러한 방법이 여전히 통하는 분야도 있긴 하지만, 기업 생태계의 작동 원리와 진화 방향이 예측되던 시대는 빠르게 허물어지고 있다. 빅데이터를 기반으로 한 AI(인공지능) 혁신이 시작되면서 기업들의 관계와 교류, 기업들의 향후 가능성을 점칠 수 있는 근본적인 경계가 희미해지고 있다.

 지난 한 세기 동안 기업의 변화는 폭발적이었다. 특히 1990년대 중반 이후의 성장과 변화는 기존의 선형적 변화에서 비선형적 변화로 그 양상이 바뀌고 있다. 이러한 빠른 변화 속에서는 변하는 것에서 변하지 않는 것을 볼 수 있어야 하고, 변하지 않는 무엇인가를 간직하면서 변해야 한다. 디지털 기술, 자유화, 글로벌화에 의해 생겨난 불확실성의 환경에서 중장기적으로 가치 있는 기업에 투자하는 개인을 안내해줄 안내서가 필요한 이유이다. 기업의 진정한 가치를 파악하기 위해서는 무엇이 변하고 있고 무엇이 변하지 않고 있는지를 볼 수 있어야 한다. 이 책은 이에 대한 지침서이다.

기업의 가치를 평가하는 기준으로 EVITDA, EVA, PBR, PER 등과 같은 재무적 지표가 많이 활용되기는 하지만, 해당 지표가 기업의 본질을 대표한다고 하기에는 부족한 점들이 있다. 특히 투자자들에게는 그 기업의 잠재적 가치를 볼 수 있는 선행지표를 아는 것이 중요한데, 일반 투자자들이 그러한 지표를 알기에는 정보의 비대칭성이 현저해서 역부족이다. 기업과 그 기업의 주식 관련 뉴스는 하루에도 수십, 수백 건씩 쏟아지지만, 대부분의 기사는 단편적이고 천편일률적이다.

더 큰 문제는, 투자는 선행 정보를 통해 잠재적 가치에 베팅해 이익을 실현하고자 하는 것인데 이러한 재무지표나 관련 뉴스들은 이미 지나가 버린 후행 정보라는 것이다. 특히 뉴스는 사소한 사실을 침소봉대하기 일쑤이고, 나아가 그렇게 과장된 뉴스에 기반한 또 다른 뉴스가 만들어지면서 투자자들의 판단 기준을 흐리고 있다. 요즘은 유튜브를 통한 검증되지 않은 정보와 소위 유명인을 사칭한 '리딩방'을 통한 투자 사기까지 급증하고 있다.

필자는 이런 상황에서 중장기 투자자들이 기업의 잠재적 가치에 더 쉽게 다가가고, 기업이 추구하는 업의 본질적 특성을 꿰뚫어 보는 데 작으나마 도움이 되고자 이 책을 쓰기 시작했다.

최근 정부를 중심으로 기업의 가치를 높이는 소위 '기업 밸류업'에 대한 얘기를 많이 하고 있다. 하지만 기업 밸류업은 인위적으로 조성한 외부 환경으로 그 한계가 분명하다는 것을 시장 참여자들은 누구나 알고 있다. 기업의 본질적 가치를 발견하고 그 가치가 증폭될 수 있도록 유도할 때 지속적인 기업 가치의 성장이 가능해진다. 즉 기업의 가치는 핵심 성공 요인과 핵심역량이 산업 구조가 변화하는 시기에 맞아떨어져 폭발적으로 시장이 확장될 때 비로소 올라간다.

과거 시계 산업의 초창기에는 '시간의 정확성'이라는 기술적 측면이 강조됐기 때문에 기계식 무브먼트 중심의 정밀 기계 산업으로서의 기술력이 핵심역량이었으며, 기술의 발달로 전자식 무브먼트가 개발되고 나서는 조립 양산 산업으로 변화되면서 낮은 단가를 유지할 수 있는 조립 양산 기술이 핵심역량이 되었다. 그러다가 최근에는 소비자들이 무브먼트의 정확성보다는 시계의 브랜드 및 스타일의 가치를 우선함에 따라 패션 산업으로 진화하면서 또다시 시장이 확장됐고 해당 기업의 가치도 올라갔다.

또한 산업 내 경쟁이 격화됨에 따라 산업의 경계를 넘어서 기업의 핵심역량이 확장되고 있다. 스포츠용품을 생산하는 나이키는 핵심역량을 'Fun(즐거움)'으로 새롭게 정의하고 소니, 닌텐도 등의 게임 회사를 주요 경쟁자로 지목했다. 나이키 스포츠용품의 주 고객층이 청소년이기 때문이다. 만약 이들이 게임에 집중해 운동을 즐기는 시간이 줄어든다면 스포츠용품과 의류 시장은 축소될 수밖에 없을 것이다. 이에 따라 나이키는 같은 산업 내 최대 경쟁자였던 아디다스와의 시장 점유율Market Sharing 싸움을 넘어서, 다른 산업과의 고객 시간 점유율Time Sharing의 싸움으로 경쟁 시장을 재정의했다. 통신 사업자들 역시 개인의 가처분소득Disposable Income이 한정돼 있음을 직시하고, 다른 산업으로부터 개인의 가처분소득을 확보하고자 경쟁자를 패션업으로 지목, 지갑 점유율Wallet Sharing 관점에서 업의 경쟁 상황을 재정의하고 있다.

이 책은 급변하는 산업과 기업 환경에서 어떤 기업이 어떤 가치에 강점을 가지고 있는지를 알아볼 수 있는 통찰력을 주기 위해 집필되었다. 모든 물줄기와 수없이 많은 물결, 그리고 흐름은 결국 바다에 가서 하나가 된다. 기업을 평가하는 다양한 방법이 있지만, 기업의 핵심 물줄기를 볼 수 있는 눈을 가진다면 중장기 투자를 위한 강력한 시너지가 되어 결국 바다에 더 빨리 이를 수 있을 것이다.

박주근 리더스인덱스 대표

목 차

1장

중장기 투자의 조건 1

'시장' 점유율보다 '시간' 점유율이 높은 기업인가

시간을 다룬 소설 중 스페인의 경영학자이면서 작가인 페르난도 트리아스 데 베스Fernando Trias de Bes의 《시간을 파는 남자》는 경제학적으로 독특한 작품이다. 이 소설에서는 시간은 'T', 돈은 '$'라고 줄임말을 사용하는데 그냥 '보통 남자Tipo Corriente'인 주인공도 첫 글자만 따서 'TC'라 부른다. 시간Time과 돈Cash을 아끼기 위해서이다. 회계사인 TC의 평생소원은 적두개미 연구이다. 그는 쳇바퀴 같은 생활에서 벗어나 꿈을 이루기 위해 회사를 그만두고 싶은 열망에 빠진다.

　TC는 자신의 삶 전체를 점검하면서 인생 대차대조표를 만드는 과정에서 새롭고 엄청난 발견을 한다. TC 자신의 자산은 아파트를 포함한 소소한 재산뿐인 반면, 부채는 주택 융자를 갚기 위한 회사

| 그림 1 | 시간을 파는 남자

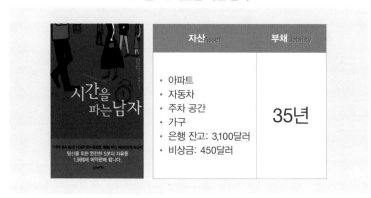

자산Asset	부채Liability
• 아파트 • 자동차 • 주차 공간 • 가구 • 은행 잔고: 3,100달러 • 비상금: 450달러	35년

생활 35년이었다. 즉 35년이라는 기나긴 인생을 빚지고 있다는 의미였다.

TC는 이러한 사실에 큰 충격을 받고 엉뚱하고 새로운 사업을 계획한다. 그는 깡통에 5분씩 시간을 담아 5분의 자유를 팔기 시작했다. 이 깡통을 구매한 사람이 그것을 개봉하면 그 누구도 5분 동안은 그의 자유를 방해할 수 없게 한 것이다.

국가와 기업들은 처음에는 TC의 상품에 반발했다. 하지만 점차 그것에 적응한다. 5~10분의 자유시간은 기업에 큰 피해를 주지 않았고 휴식으로 생산성이 더욱 높아졌기 때문이다.

그런데 TC의 회사가 번창하면서 2시간짜리, 1주일짜리를 팔면서 문제가 심각해진다. 5분, 10분은 괜찮지만 2시간, 1주일은 국가와 기업 시스템을 마비시킬 수 있기 때문이다.

결국 모든 국민이 자신이 가진 부동산을 모두 팔아 35년짜리 시간 컨테이너를 구매하기에 이른다. 모든 국민이 빈털터리가 된 대신 35년의 자유시간을 가진 셈이다. 처음에 나왔던 부채 35년이 역전되었다. 사람들은 35년의 시간을 소유하고 부채는 없는 상태가 된 것이다. 국가는 혼란에 빠졌다.

사형을 당할 위기에 처한 TC는 국가를 향해 다음과 같이 제안한다. 시간을 돈으로 환산한 화폐를 발행하라. 그 화폐로 국민의 시간을 사들이면 시스템이 정상화될 것이다. 대신 집값은 35년의 시간보다 훨씬 싸야 할 것이다.

새로운 부富의 창출 시스템: 지식정보에서 시간으로

..

2016년에 별세한 미래학자 앨빈 토플러는 그의 20년간에 걸친 대표적 저서 《미래 쇼크》(1970), 《제3의 물결》(1980), 《권력이동》(1990)에서 인류가 발전하며 변화하는 현상과 변화의 동인들을 심도 있고 실증적으로 추적해왔다. 그는 권력의 본질은 '부의 창출 시스템 변화'에 기인하며 그 힘의 원천이 '지식'이라고 주장했다. 사회를 움직이고 통제하는 힘은 물질적인 토지나 자원에서 지식으로 옮겨가고 있다고 주장했다. 20세기까지 지식은 원자재, 노동, 시간,

장소 및 자본의 필요를 감소시켜 선진 경제의 중심적 자원이 되고 있었다. 지식의 가치가 급상승하면서 지식을 장악하기 위한 투쟁이 세계적으로 펼쳐지고 있다는 게 토플러의 진단이었다.

정보화 혁명 이후 지식이 재분배되면서 지식에 기초한 권력도 재분배되었다. 과거 의사들은 지식을 독점하면서 환자에게 절대적 권위를 가졌지만, 일반인들의 의료정보 접근이 쉬워지면서 권좌에서 밀려나고 있다. 3차 산업혁명까지가 이러한 변화의 전초전이었다면, 탈중앙화로 가고 있는 웹Web 3.0 시대에는 이러한 현상이 더욱 가속화될 것이 분명하다.

"권력이동은 사회가 미래와의 충돌을 향해 달려감에 따라 폭력·부·지식 간의 관계에서 일어나는 숨겨진 이동이다"라고 말한 토플러는 권력의 역사상 중요한 한 가지 변화를 목격하고 있는 것도 사실이라고 강조했다. 지난 시대까지 최고급 권력의 원천인 지식이 시시각각으로 그 중요성을 더해갔다면, 4차 산업혁명 이후의 시대는 또 다른 부의 창출 시스템 변화가 일어나고 있다. 그 변화 동인은 '존재'와 '시간'이다.

한 사례를 보자. 아이폰의 경쟁자는 삼성전자의 갤럭시가 아니라 스타벅스일 수 있다. 스티브 잡스가 2007년 아이폰을 출시할 때 당시 노키아나 삼성전자를 염두에 두고 시작했다면 지금과 같은 결과가 없었을 것이다. 실제 노키아는 하드웨어 측면의 플랫폼 전략에서 탁월했다. 삼성경제연구소에 따르면 노키아는 2000년부터 플랫폼 전략을 강화해 6개 플랫폼에서 무려 50개의 모델을 출시했다. 덕분에 판매단가의 12%에 이르렀던 연구개발 비용은 8%로 낮출 수 있었고 제품 개발 사이클도 기존 공정에 비해 20% 정도 단축됐다. 하지만 애플의 플랫폼 전략은 기존 휴대폰 업체와 비교하면 차별적이고 혁신적이었다. 노키아와 삼성전자는 플랫폼을 개발하고 이 플랫폼을 바탕으로 여러 모델을 개발해 소비자에게 판매하는 전형적인 제조업 플랫폼 기반인 반면, 애플은 플랫폼을 직접 소비자에게 판매하면서 생활 플랫폼으로 혁신을 만들어냈다.

| 그림 2 | 삼성전자 미국법인 공식 트위터

이 덕분에 아이폰은 사람들의 일상에 녹아들어 그들 삶의 한 부분으로 자리를 잡아버린다. 누가 일상, 즉 '시간'을 점유하느냐는 관점에서 보면 아이폰의 경쟁자는 스타벅스이다.

애플의 아이폰과 삼성전자의 갤럭시 시리즈의 광고를 보면 두 기업이 어디에 초점을 맞추고 있는지 확연히 알 수 있다. 아이폰 광고는 '라이프스타일'에, 갤럭시는 '기술'에 중점을 두고 있다. 삼성전자의 갤럭시는 여전히 기술에 집착하고 있는 것으로 보인다.

2021년 애플이 아이폰13을 선보였을 때 삼성전자의 미국법인 공식 트위터 계정에 올라온 글(《그림 2》)을 보자. "2021년에도 노치가 있다고 상상해봐", "120Hz 적용한 지 오래됐는데…" 등처럼 주

| 그림 3 | 아이폰 노치 디자인을 깎아내리는 동영상 광고의 한 장면

로 기술이나 디자인 형태에 대한 폄훼 일색이다. 삼성전자는 또한 아이폰 노치 디자인을 흥보았다. 'Samsung Galaxy: Growing Up' 유튜브 광고 동영상의 마지막 장면에는 애플 매장에 서 있는 'M자 탈모'를 가진 남자가 등장한다('노치notch'는 스마트폰 화면 윗부분을 움 푹 파서 카메라와 수화기를 넣고 양옆으로 날짜나 배터리 용량 등을 표시한 디자인을 말한다. 〈그림 3〉 참고). 그 이후에도 갤럭시는 화질이나 방수

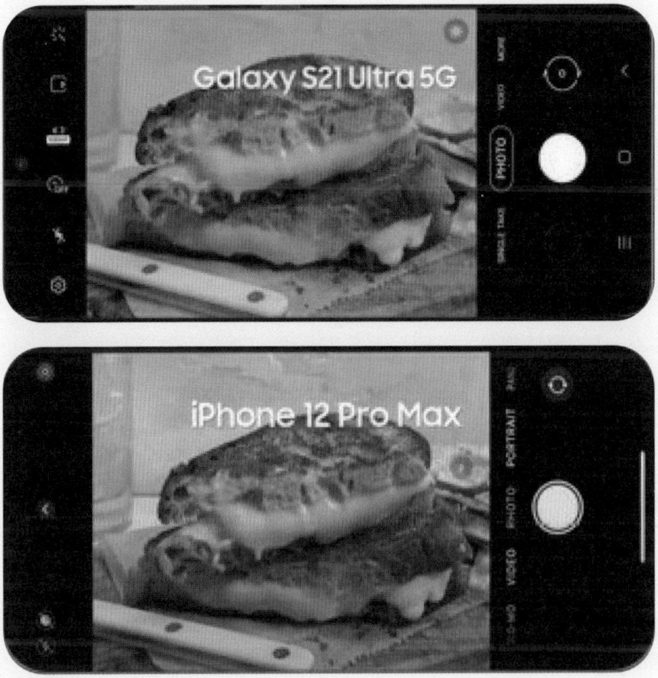

| 그림 4 | 누가 더 선명하니?-갤럭시의 유튜브 광고 장면

| 그림 5 | 'Apple at Work' 시리즈 몇 장면들

성능 등 기술적 우위에 대한 광고에 집중했다(《그림 4》).

반면 애플 아이폰의 광고는 사람 중심의 스토리텔링으로 고객의 공감을 이끌어 구매로 유도한다. 애플 광고의 핵심은 아이폰이 일상과 삶에 녹아들어 있다는 게 특징이다. 즉 사람들의 삶(시간) 속에서 그 점유율을 높여가는 것이 특징이다.

크리스마스 시즌 광고에서는 제품(아이폰) 기능으로 가족들이 함께하는 순간을 따뜻한 감성으로 녹여내 화제가 되기도 했으며, 직장인의 고충을 담은 현실적이면서도 위트 있는 'Apple at Work' 시리즈를 제작하기도 했다(《그림 5》). 해당 시리즈는 사회적 약자를 뜻하는 '언더독underdog'을 주인공으로 삼아, 자신을 힘들게 하던 직장에서 퇴사한 뒤 애플 제품을 활용해 창업에 성공한 등장인물의 이야기를 통해 소비자들로부터 많은 공감을 이끌어냈다.[1]

갤럭시 시리즈는 앞선 기술력으로 시장 점유율Market Share에서 아이폰보다 앞서 있을지 모르지만, 사람들의 시간 점유율Time Share에서의 경쟁은 하지 않고 있다. 이러한 전략은 현재의 이익률에서도 큰 차이를 만들었지만, 그 이후 사업의 영역 확장에서도 차이가 두드러진다.

---

1 https://www.mobiinside.co.kr/2022/08/16/apple-marketing/

기업 가치 평가의 변화,
"사람들이 가진 3만 일을 값지게 채울 수 있는가!"

• •

페르난도 트리아스 데 베스가 《시간을 파는 남자》에서 사람들의 시간을 자산화했듯이 모든 인간은 인생의 길이만큼 시간을 갖고 태어나고 그 시간만큼의 자산을 가지고 태어난다.

2021년 한국인의 평균수명은 약 83.6세, 개월 수로 따지면 약 1,000개월, 일수로 바꾸면 3만 일이 넘는다. 인생이란 빈손으로 오는 게 아니라 3만 일이란 시간을 두 손에 쥐고 태어나 값지게 쓰고 가는 것이다.

결국 모든 인간에게 주어진 화두는 의미 있는 인생을 살기 위해 3만 일이란 시간을 배움과 노동과 여가에 어떻게 분배할 것인가로 정리할 수 있듯이 기업들의 부의 가치는 사람들의 시간을 얼마나 확보하느냐로 귀결될 것이다. 여가를 즐겁고 윤택하게 보내기 위해서는 노동 시간의 양과 질을 높여 소득을 늘려야 하듯이, 사람들의 시간의 밀도를 높여주는 상품이나 서비스가 있는 기업의 가치가 높아질 것이다.

'주주 가치 극대화', '이윤 창출', '고객 만족' 등으로 불리는 기업 활동의 목적도 고객의 시간 관점에서 새롭게 정의되고 있다. 향후 기업들은 "사람들이 가진 3만 일을 값지게 채워라"라는 사명을 충실하게 수행할 때 그 가치가 높아질 것이다.

| 그림 6 | 대한민국 국민 생활시간조사표

전 국민 (10세 이상)

필수 생활 시간	여가 생활 시간	의무 생활 시간
11시간 13분	4시간 29분	7시간 57분

수면(7시간 59분)
식사 및 간식(1시간 56분)
기타 개인 유지(1시간 18분)

기타 여가 활동(41분)
종교 및 문화, 스포츠(44분)
미디어 이용(2시간 21분)
교제(43분)

수입 노동(3시간 16분)
가사 노동(1시간 55분)
학습(1시간 7분)
이동(1시간 39분)

20세 이상 취업자

■ 일 ■ 가정 및 가구원 돌보기 □ 교제 및 여가 ■ 이동 ■ 기타

남

평일: 24분 / 128분 / 193분 / 30분 / 427분
주말: 25분 / 103분 / 363분 / 75분 / 143분

여

평일: 29분 / 102분 / 167분 / 138분 / 357분
주말: 29분 / 93분 / 290분 / 186분 / 126분

출처: 통계청(2014)

고객의 시간을 가치 있게 만드는 기업 ④:
시간 점유율을 높이는 사업을 하고 있는가

· ·

시장 점유율보다 시간 점유율이 높은 기업을 어떻게 찾을 수 있을까? 크게 세 가지 방법이 있다.

첫째는 기업이 고객의 시간 점유율을 높이는 사업을 하고 있는가이다. 과거에는 기업의 경쟁력을 시장 점유율에서 찾았다면, 이제는 시간 점유율에서 찾아야 한다. 즉 얼마나 많은 고객을 확보했느냐보다는 고객들이 그 기업의 제품이나 서비스와 얼마나 많은 시간을 함께 보내는지가 중요하다. 소위 잘나가는 상품이나 서비스를 보면 하나같이 시간 점유율이 높다.

최근 백화점의 변화를 통해 시간 점유율의 중요성을 알 수 있다. 백화점이 처음 등장할 때만 해도 다양한 상품과 상점을 사람들이 접근하기 좋은 한 건물에 모아놓았다는 것만으로도 혁신이었고 성공 요소였다. 시간이 지나면서 이러한 성공 요소들은 대형마트와 온라인쇼핑의 등장으로 희석되어갔고 백화점은 고급화의 길로 갔다.

가장 비싼 입지에서 쾌적한 쇼핑 환경을 제공하는 대신, 명품을 중심으로 한 고가의 상품을 팔아 큰 마진을 얻는 것으로 기본적인 사업 모델이 진화되었다. 과거에는 업태를 막론하고 유통 매장의 성패를 좌우한 것은 입지와 상품이었다. 우선 좋은 입지를 선점함으로써 사람들을 모을 수 있었고 이를 통해 규모의 경제를 만들수 있었다. 입지가 비슷하다면 더 좋은 상품을 확보함으로써 차별화하는 것이 전략이었다. 이마트는 대형마트 시장에 늦게 뛰어들었지만 초창기 빠르게 매장을 확장하여 시장을 선점하는 전략으로 성공할 수 있었다면 에르메스, 루이비통, 샤넬 같은 주요 명품 브랜드들을 독점 유치하는 전략을 펼친 신세계백화점은 후자에 충실함으로써 성공할 수 있었다. 백화점들은 명품 브랜드를 독점화하며 성장을 유지할 수 있었다. 브랜드 가치를 위해 매장을 확대하지 않았고 고객들이 백화점에 찾아오게 하기 위해 온라인 진출도 하지 않았다. 팬데믹 기간 동안에는 해외여행 금지로 면세점이 타격을 받으면서 반사적으로 백화점의 명품 시장 점유율과 매출은 더욱 성장하게 되었다.

이러한 기본 전략에 변화를 꾀한 것이 '더현대 서울'이었다. 더현대 서울은 기존 유통업의 기본 전략인 접근성과 차별화된 상품이라는 원칙에서 벗어나 접근성이 다소 떨어지고, 명품 매장이 없어도 고객의 시간 점유율을 높이면 성공할 수 있다는 것을 보여주고 있다. 국내 백화점들은 2010년 이후 소위 MZ세대들의 외면을 받기 시작했다. 더현대 서울은 이들을 주목했다. 대표적으로 2층 영패션 매장을 "내가 모르는 브랜드로만 채워라"라고 지시한 경영진의 일화는 지금도 유명하다. 실제 더현대 서울의 MZ세대 고객수 비중은 2023년 현대백화점 발표 기준 65% 이상이며 매출 비중도 55%에 달하고 있다. 더현대 서울을 제외한 현대백화점 매장의 MZ세대 매출 비중은 평균 약 25% 수준이다. 더현대 서울은 MZ들의 성지가 되었다.

더현대 서울은 고객의 시간 점유율을 높이기 위한 방법으로 팝업스토어 전용 공간도 적극 활용했다. 팝업스토어 전용 공간이 '에픽 서울'을 통해 고객의 시간을 사로잡고 있다. 실제 더현대 서울의 팝업스토어는 2021년 100개 오픈을 시작으로 2022년 210개, 2023년 440개로 매년 2배씩 증가하고 있다. 더현대 서울은 고객들의 시간 점유율을 높이기 위해 객단가와 매출을 중시하는 기존 백화점의 기본 산업 근간을 뒤흔들었다. 이러한 더현대 서울의 전략은 통했고 덕분에 2023년 매출액이 1조 1,085억 원으로 1조 원을 돌파하면서 최단기간 연매출 1조 원을 돌파한 백화점에 이름을 올렸다.

기업들은 고객들에게 자신들이 의도한 대로 새로운 습관을 만들고 이를 유지시킬 장치를 마련하기 위해 머리를 싸매며 노력한다. 지금까지 기업들은 마케팅을 통해 소비자들의 수요 욕구를 자극하는 데 집중했다면, 차별화되고 가치 있는 기업들은 고객의 욕구를 발견하고 자극해 습관화하는 것을 핵심 전략으로 삼고 있다.

즉 삶을 지배하는 습관을 만드는 기업이 가치가 높다. 사람들에게 새로운 습관을 제안하고 그것에 익숙해지게 만드는 것은 기업들에게 매우 중요하다. 익숙한 것은 예측할 수 있기 때문에 편안함을 준다. 사람의 인체는 항상성을 유지하는 데 잘 맞춰진 메커니즘으로 구성되어 있다. 우리의 뇌는 변화보다 일정하고 반복적인 것을 좋아하는 특성이 있다. 이 항상성은 새롭게 무언가를 시도하려는 결심이 새로운 습관으로 변화하려는 것을 방해하고 이전의 습관으로 회귀하도록 한다. 많은 사람이 매년 초 작심삼일을 경험하는 것은 이 때문이다.

습관이 한 번 형성되면 뇌는 의사결정에 참여하는 것을 중단하고 이미 몸에 익숙한 방식을 그대로 따라간다. 매일 먹는 음식, 운동 패턴, 출퇴근 방식, 일하는 방식, 퇴근 후 쉬는 방식 등 습관화된 행동 양태는 일상의 구석구석에 굳어 있고 이것이 삶 전체에 영향을 미친다. 이러한 습관을 바꾸기 위해서는 약 6주 정도의 반복적인 일상의 변화 훈련이 필요하다. 지금은 5주로 바뀌었지만, 과거 신병훈련소의 훈련 기간은 6주였다. 이는 일상의 습관을 바꾸는 과정이다. 기업들은 이러한 사람들의 습관에 주목해왔다.

스타벅스와 아이폰은 사람들의 습관에 주목했다. 스타벅스가 커피 전문점 시장을 장악하게 된 가장 큰 이유 중 하나는 소비자의 습관화에 다가가기 위해 편의를 중요시했다는 것이다. 스타벅스는 중국의 자금성에도 매장을 냈을 정도로 매장 확장에 적극적이었다. 스타벅스는 같은 지역에 두 개의 점포를 세우면 기존 점포의 매출이 잠식되어 악영향을 미칠 것이라는 기존의 점포 입지 선정 논리를 무너뜨리고 있다.

| 그림 7 | 광화문을 중심으로 한 스타벅스 매장 위치(2023년 12월 기준)

기업들은 저마다 소비자 습관 파악과 선점을 위해 경쟁을 벌이고 있다. 2011년 애플이 삼성전자를 상대로 스마트폰 특허 소송을 벌인 배경에도 소비자 습관을 배타적으로 소유하기 위한 전략이 깔려 있었다. 화면을 밀어 잠금을 해제하거나 두 손가락으로 화면을 크게 만드는 기능은 습관을 독점하기 위한 것이었다. 습관을 정복하면 고객들의 시간도 점유하는 것이다. 기업들이 제품이나 서비스를 소비자의 습관으로 만드는 데 성공한다면 그 이후의 마케팅은 자동으로 해결된다.

이러한 일을 가장 잘하는 기업이 스트리밍 업체 넷플릭스이다. 이미 전 세계 1억 2,500만 가구가 넷플릭스에 유료 회원으로 가입하여 하루 평균 2시간 이상 시청하고 있다. 넷플릭스가 승승장구하는 동안 미국 청소년의 TV 시청 시간은 반 토막 났고, 청년층의 TV 시청 시간은 40% 감소했다(닐슨Nielsen 조사 결과). 전통 미디어가 넷플릭스에게 시간 점유율 측면에서 압도당한 꼴이다.

넷플릭스가 시간 점유율을 높일 수 있었던 것은 방대한 콘텐츠 덕분이다. 2018년에만 80개 이상의 영화를 제작하는 데 130억 달러를 썼다. 참고로 미국 최고의 케이블 채널 HBO의 연간 콘텐츠 제작비는 30~40억 달러 수준이다.

그런데 방대한 콘텐츠 이면의 진짜 성공 비결은 누구나 두루 좋아할 만한 콘텐츠뿐만 아니라 소수의 특정 고객이 매우 사랑하는 콘텐츠 제작에도 돈을 쓴다는 점이다.

넷플릭스는 회원들을 약 2,000개의 고객 집단taste cluster으로 구분하는데, 특정 드라마가 이 중 한 집단의 취향을 충족시킨다면 제작에 돌입한다. 하이틴 로맨스 드라마 〈키싱 부스The Kissing Booth〉는 대부분의 넷플릭스 가입자들에게는 추천 콘텐츠 목록에도 없고 평가도 썩 좋지 않다. 하지만 2,000만 명 이상의 10대 회원들이 시청하는 등 일부 가입자들의 열광적인 사랑을 받았다.

2000년부터 공중파에서 8년간 방영하다 시청률 때문에 후속 제작을 못 하고 종영한 〈길모어 걸스Gilmore Girls〉도 넷플릭스가 다시 살렸다. 판권을 사들인 넷플릭스가 성년이 된 주인공의 이야기를 4부작 드라마에 담았는데, 올드 팬 중에서 이 드라마를 보려고 넷플릭스에 가입한 이들이 적지 않았다고 한다.

고객의 시간을 가치 있게 만드는 기업 ②: 고객의 시간을 아껴주고 있는가

• •

고객의 시간을 값지게 만드는 기업을 찾는 두 번째 질문은 고객의 시간을 아껴주고 있는가이다. 과학 전문 작가 매트 리들리Matt Ridley에 따르면 인류는 시간을 절약하는 방향으로 진화한다. 어떤 것의 가치를 측정하는 진정한 척도는 그것을 얻기 위해 소비해야 하는 시간인데, 인류는 발전할수록 그 시간을 단축시키고 있다는 것이다. 1800년대에는 한 시간 독서할 양의 빛을 얻는 데 여섯 시간의 노동이 필요했지만, 전기의 발명으로 이제는 0.5초의 노동만이 필요하다. 미국인들이 1910년에 뉴욕에서 LA로 3분간 장거리 통화를 하려면 90시간의 노동이 필요했지만, 지금은 통신 기술의 발달로 2분만 일하면 된다.

실제로 1차, 2차, 3차, 4차 산업혁명은 사람들의 시간을 획기적으로 단축시킴으로써 이뤄졌다. 고객의 시간을 아껴주는 것이 기업 가치의 핵심이 되어가고 있다. 고객의 시간을 절약해주는 상품이나 서비스를 가진 기업을 찾아야 한다.

통계청에서 펴낸 〈생활시간조사보고서〉(2014)를 보면 우리나라 국민의 쇼핑 시간은 다소 줄었다. 하지만 쇼핑 인구는 늘었고, 쇼핑 빈도와 지출액은 증가했다. 바로 온라인 쇼핑의 확산 덕분이다. 쇼핑몰까지 이동하여 일일이 발품을 팔면서 돌아다닐 필요 없이 인터넷을 통해 물건을 손쉽게 비교하고 간편하게 결제하며 집에서 물건을 받아보면서 쇼핑 시간은 줄고 쇼핑 경험은 긍정적으로 바뀌었다.

최근 우리나라를 보면 메쉬코리아(현 부릉)의 라스트 마일 배송 서비스 '부릉', 쿠팡의 '로켓배송', 마켓컬리의 '새벽배송'과 같은 물류 혁신이 일어나면서 쇼핑의 번거로움은 사라지고 쇼핑 시간은 더욱 짧아지는 추세이다.

도심의 본사 사무실에 출근하지 않고 원격지에서 업무를 처리할 수 있는 IT 기반 스마트 오피스가 늘고 있는 것도 교통 체증으로 점차 길어지는 출퇴근 시간을 줄이려는 요구와 직결되어 있다. 우리나라 수도권 직장인의 하루 평균 출퇴근 시간은 1시간 36분이다. 이는 20세 이상 성인의 개인 관리 시간(1시간 19분)이나 평일 식사 시간(1시간 31분)보다 길다.

그래서 출퇴근 시간을 줄여주고 이동 시간에 다른 일을 할 수 있도록 하는 기술은 완성차 기업들의 모빌리티 솔루션 사업으로 이어지고 있다.

고객의 시간을 가치 있게 만드는 기업 ③: 고객의 생애 가치를 점유하는 기업을 찾아라

· ·

고객의 시간을 값지게 만드는 기업을 찾는 세 번째 질문은 고객의 생애 전체를 아우를 수 있는 상품과 서비스를 제공하는가이다. 많은 사람이 제품을 구매하는 것도 중요하지만, 고객 한 명의 마음을 사로잡아 다양한 제품을 평생에 걸쳐서 최대한 많이 파는 것 역시 중요하다. 이는 고객의 시간 점유율을 높여야만 가능하다. 즉 CRM에서 말하는 '평생 가치Life-Time Value, LTV'의 개념으로 시간 점유율을 높이기 위해서는 타깃의 라이프스타일을 고려해야 한다.

애플이 스타벅스를 경쟁 상대로 여겼듯이, 나이키는 닌텐도를 경쟁 상대로 상정했는데, 이는 사람들이 전자 게임에 몰두하게 되면서 야외 활동이 줄어들고 결국 운동화를 신을 기회가 축소돼 운동화 구매 횟수도 줄어들 수밖에 없다는 이유에서이다. 컴퓨터만 켜면 가장 먼저 자신의 미니홈피에 들러 서로의 방명록에 글을 남기던 사람들이 '카트라이더'로 옮겨가면서 싸이월드의 경쟁 상대는 넥슨이 됐다.

이제는 누가 고객의 시간을 얼마나 많이 점유하느냐가 관건이다. 이는 동종 업계 경쟁 상대와 시장 점유율을 놓고 싸우는 것이 아니라 사람들의 한정된 시간을 놓고 '누가 고객의 시간을 많이 점유하는가'의 문제로, 결국 모두와 경쟁해야 하는 상황이다.

| 그림 8 | 평생 가치LTV 개념도

시간 점유율의 문제를 해결하기 위해서는 사람들의 라이프스타일에 초점을 맞춰야 한다. 무엇에 많은 시간을 할애하는지, 사람들의 시간을 철저하게 분석하고 이에 맞는 타임 스케줄을 마련하여 적절하게 대응하는 전략을 가진 기업이 가치가 높아질 것이다. 이러한 기업들은 일상생활에서 조금만 주의를 기울이면 쉽게 찾을 수 있다. 실제 투자 전문가들이 뭔가 복잡하고 난해한 수식으로 수많은 기업 중 옥석을 가릴 것 같지만, 실제로는 사람들이 일상에서 가장 많이 찾고 사용하는 것들을 주의 깊게 관찰하면서 가치 있는 기업을 찾고 있다.

시간 점유율이 높은 기업들은 사람들의 시간을 뺏는 것이 아니라 전유해간다. 이들 기업은 사람들 스스로가 제품에 시간을 투자하도록 만든다. 사람들이 서비스 이용 시간을 시간 낭비로 느끼게 하지 않는다.

투자자들은 시간 점유율이 높은 기업을 어떻게 찾을 수 있을까?

우선 사람들이 어디에서 무엇과 일상의 시간을 많이 보내고 있는가를 관찰해야 한다. 다행히 주의 깊게 관찰하지 않아도 수많은 데이터가 이런 현상들을 알 수 있게 안내하고 있다. 사람들이 가장 많은 시간을 보내는 매개체는 스마트폰이다. 사람들이 스마트폰에서 무엇에 주로 시간을 보내고 있는지 파악한다면 산업 트렌드가 어떻게 변화하는지에 대한 중요한 정보를 얻을 수 있다.

산업의 흐름을 인포그래픽으로 보여주는 비주얼 캐피탈리스트 Visual capitalist 사이트에 접속하면 글로벌 인터넷 다운스트림 트래픽 기준 순위를 알 수 있다(〈그림 9〉 참조). 그리고 〈샌드바인 보고서 Sandvine Report〉를 통해 전 세계 소비자들이 어떤 기업들을 자기 생활의 일부로 삼고 있는지에 관한 정보도 일부 얻을 수 있을 것이다(〈그림 10〉 참조).

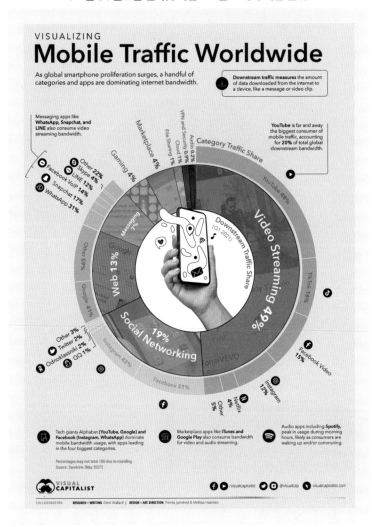

| 그림 10 | 전 세계 소비자들은 어떤 기업들을 생활의 일부로 삼고 있을까

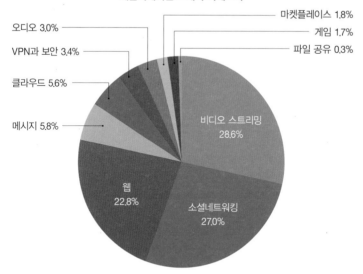

애플리케이션 트래픽 카테고리

마켓플레이스 1.8%
게임 1.7%
파일 공유 0.3%
오디오 3.0%
VPN과 보안 3.4%
클라우드 5.6%
메시지 5.8%
비디오 스트리밍 28.6%
웹 22.8%
소셜네트워킹 27.0%

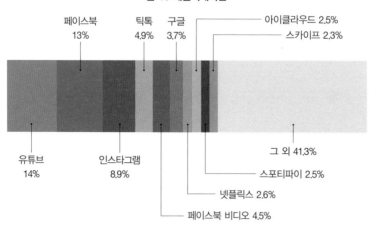

톱 10 애플리케이션

페이스북 13%
틱톡 4.9%
구글 3.7%
아이클라우드 2.5%
스카이프 2.3%

유튜브 14%
인스타그램 8.9%
그 외 41.3%
스포티파이 2.5%
넷플릭스 2.6%
페이스북 비디오 4.5%

출처: 〈샌드바인 보고서〉, 2021년

2장

중장기 투자의 조건 2

'명사'가 아닌 '동사'에
집중하는 기업인가

19세기 중반, 일본은 메이지 유신으로 서양으로부터 각종 신문물이 쏟아지는 격변의 시기를 겪었다. 이때 야마하 도라쿠스山葉寅楠라는 사람이 일본으로 건너온 영국인으로부터 당시 첨단 문명이었던 시계 수리 기술을 익히게 되었다. 기술을 익힌 그는 동시에 의료기기(청진기) 수리공도 겸하게 되는데, 어느 날 엉뚱하게도 시즈오카현 하마마쓰浜松의 한 초등학교로부터 망가진 오르간을 수리해달라는 부탁을 받는다.

이 한 번의 오르간 수리에 성공한 것이 지금의 야마하YAMAH가 탄생하는 계기가 되었다. 그리고 20세기 세계 악기 및 오토바이 시장의 판도가 뒤바뀌었다.

처음 오르간 수리를 부탁받은 시계 수리공 야마하는 음악에 대

| 그림 11 | 야마하 도라쿠스와 야마하 최초의 오르간

한 기본 지식은커녕 오르간의 설계도도 없이 단지 호기심으로 수리 작업을 시작했다. 그의 호기심은 오르간 자체에 대한 것도 있었지만 오르간의 가격이 더욱 부채질했다.

"이런 간단한 물건이 쌀 마흔다섯 말 값이라니…."

처음 보는 오른간의 수리를 시작한 야마하는 수많은 시행착오를 겪은 끝에 두 달 만에 오르간을 수리하는 데 성공했다. 수리에 성공한 야마하는 오르간을 수리하면서 오르간 내부를 분석해 설계도를 그렸다. 이 설계도를 기반으로 오르간을 다시 만들었다. 문제는 오르간은 시계가 아니라 정확한 소리가 나야 하는 악기라는 것이었다. 비슷한 모양으로 '복제'한 오르간이 정확한 소리를 낼 리가 없었다. 야마하는 동업자와 둘이서 오르간을 메고 하코네箱根의 험령險嶺을 넘어 250km 떨어진 도쿄로 향했다.

100년 기업 야마하의 장수 비밀, '명사'에서 '동사'로

• •

도쿄예술대 음악부의 전신인 음악취조소에서 한 달여 동안 전문가의 지도를 받은 야마하는 1889년 하마마쓰에 '야마하풍금제작소'를 세웠다. 야마하의 세계적인 악기 제조 업체를 향한 첫걸음이었다.[1] 그는 이 회사를 거쳐 1897년 '일본악기제조주식회사'를 세웠다. 그리고 오르간 제작에 성공하고 10여 년 뒤인 1900년 일본 최초로 피아노 제작에 성공했다. 음악학원 등에서 흔히 볼 수 있는 업라이트 피아노(현을 세로로 세워놓은 형태)였다. 숙련된 기능공의 노력 덕분에 2년 뒤엔 그랜드 피아노(현을 가로로 눕혀놓은 형태) 제작에도 성공했다. 1904년 야마하의 오르간과 피아노는 미국에서 열린 세계 악기 박람회에서 대상을 받았다. 창업 100주년을 맞은 1987년에는 현재 이름인 '야마하'로 사명社名을 변경했다. 본사는 지금도 하마마쓰에 있고, 도쿄와 오사카에 사업소가 있다.

---

1 https://www.donga.com/news/Economy/article/all/20071129/8517169/1

오르간에서 시작된 악기 제조업은 피아노로 확장되었고 피아노를 만들면서 쌓은 목공 노하우로 다시 가구 제조업으로 규모를 넓혀 갔다.

이러한 목공 역량으로 1920년대에는 항공기 프로펠러 제작에도 참여했다. 당시 비행기 프로펠러의 주 소재는 금속이 아닌 단단하고 내구성 좋은 마호가니 나무였기 때문이다. 항공기 프로펠러 제작에 본격 참여하면서 엔진 제작사와의 협업은 필수였고 야마하는 이 과정에서 자연스럽게 엔진 기술까지 습득하게 되었다. 하지만 일본의 2차 대전 패전 이후 미 군정에 의해 전범 기업으로 낙인찍히며 공장의 모든 시설을 한꺼번에 압류당한다. 야마하는 자신들이 보유한 기술을 평화적으로 이용할 것을 미 군정에 약속하고 다시 돌려받아[2] 이 기술을 이용해 당시 일본에서 운송 수단으로 유행하기 시작한 오토바이 제조를 시작한다.

자신의 본거지 하마마쓰가 혼다와 스즈키 등 오토바이 산업의 발상지라는 사실에 착안한 야마하는 1954년부터 오토바이 생산을 시작했다. 1954년 첫해에 125대가 만들어진 YA-1(애칭은 '아카톰보赤トンボ'로 '붉은 잠자리'를 뜻함)은 창립자의 이름을 기념하여 명명되었다. 이 오토바이는 125cc에 실린더 1개의 2행정 사이클로 독일

---

2 https://golftime.co.kr/564616788/?q=YToxOntzOjEyOiJrZXl3b3JkX3R5c
   GUiO3M6MzoiYWxsIjt9&bmode=view&idx=11603031&t=board

| 그림 12 | 야마하 최초의 오토바이 YA-1

의 DKW RT125를 모방한 것이었다. 1955년 별도 회사로 독립한
야마하발동기는 현재 혼다에 이어 세계 2위의 오토바이 업체로 성
장했다.

　엔진과 관련해 노하우를 축적한 야마하는 모터보트 엔진 제작
에도 나서면서 목재 가공으로 시작한 소재 가공 기술을 활용해 스
포츠용품 개발로도 사업을 확장한다. 소재 가공 기술을 기반으로
1958년에는 섬유 강화 플라스틱FRP 소재를 이용해 일본 최초로 양
궁을 만들었다

　1973년 벨기에 양궁 선수가 이 회사의 양궁을 사용해 세계 신
기록을 수립하면서 야마하의 품질은 세계적으로 인정받았다. 오
르간에서 시작한 악기 및 음향 산업은 현재 각종 어쿠스틱 악기와

| 그림 13 | 야마하의 사업 영역 확장도

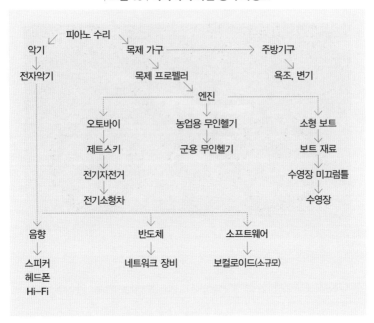

전자 악기, 음향 기기 등으로 확산됐다. 손을 대지 않은 분야가 없을 정도이다. 악기 이외에 반도체, 골프채, 시스템 키친, 자동차 내장용품, 합금 등 다양한 분야로 진출했다.

스포츠 영역으로 진출한 1956년 이후 스키·테니스용품을 제작했다. 골프클럽(골프채)을 처음 만든 건 1982년이다. 야마하의 첫 골프채는 크고 가벼운 카본 헤드로 만든 드라이버였다. 당시에는 감나무로 만든 클럽이 일반적이어서 파격적 시도로 받아들여졌다. 1991년엔 단조 티타늄 드라이버를 세계 최초로 선보였다. 전통을 중시하는 골퍼들에게 외면받았지만, 2003년 '인프레스'를 출시해 전환기를 맞았고, 2008년 선보인 '인프레스X'가 큰 인기를 끌었다.

야마하는 1971년 전자 오르간 일렉톤Electone D-1을 만든다. 트랜지스터 시스템을 이용한 획기적인 제품이었다. 일렉톤 발매와 함께 전자 악기의 사운드 개선을 위해 1971년 임베디드 반도체 개발을 시작했다. 전자 악기를 만들다가 얻은 노하우는 라우터(네트워크 기기), 반도체 생산으로 이어졌다. 3년 뒤인 1974년 도요오카 IC 공장을 설립했으며, 이듬해인 1975년 일렉톤 GX-1을 출시했다.

이 기술을 바탕으로 야마하는 1973년 오디오 제품 생산을 시작한다. 1973년 출시한 프리앰프 CA-1000은 일본은 물론 해외에서도 좋은 평가를 받았다. 이제는 역사 속으로 사라진 명기가 되었지만 당시 야마하의 오디오 산업 진출은 업계에서 좋은 평가를 받았다. 프로 오디오 제품군 중에서는 1974년 몬트리올 올림픽 공식 믹서로 지정되었던 PM-1000이 대표적이다. 야마하는 라우터를 도입한 기업이 전화 회의 시스템을 동시에 도입하는 경우가 많다는 데 착안해 2014년 화상 회의 시스템을 제공하는 미국의 통신·음향기기 업체 레보랩스Revolabs를 인수했다.

악기 제조와 반도체, 모터사이클, 오디오 제품 등으로 사업을 확장한 야마하는 휴양지 사업에도 진출한다. 대표적인 시설로는 1964년 건축한 미에현의 도바국제호텔Toba International Hotel in Mie, 1967년 미에현의 네무-노-사토Nemu-no-Sato in Mie, 1974년 시즈오

| 그림 14 | 야마하의 다양한 상품들

카현의 쓰마고이리조트Tsumagoi-Resort in Shizuoka, 1976년 시즈오카현의 키타노마루호텔Kitanomaru in Shizuoka, 1979년 오키나와의 5성급 하이무루부시호텔Haimurubushi in Okinawa, 1991년 홋카이도의 키로로Kiroro in Hokkaido 등이 있다.[3]

오르간에서 시작해 피아노와 악기, 전자 오르간으로, 전자 오르간에서 오디오 기기로, 다시 피아노 케이스 가공에서 가구로, 가구에서 프로펠러, 프로펠러에서 엔진 가공, 엔진 가공에서 오토바이

---

3 https://blog.naver.com/PostView.nhn?blogId=ymkpa&logNo=
   110175749637

제조로 발전한 야마하의 역사를 보면서 단순히 수평적 다각화를 통한 문어발식 확장 과정을 걷고 있다고 생각하기 쉽다.

그러나 이러한 사업 다각화는 사업 정의에 따른 핵심 가치를 중심으로 이루어졌다. 그래서 130년 이상의 역사를 지켜올 수 있었다. 일반적으로 기업은 부족한 경영 자원의 분산을 막기 위해 사업 영역을 과도하게 확장하지 않고 투자와 노력을 집중한다. 하지만 야마하는 투자와 노력을 사업 영역의 정의에 집중했다. 이러한 사업 영역의 정의를 새롭게 한 인물은 창업자가 아니라 4대 사장에 오른 가와카미 겐이치川上源一였다.

창업자 야마하 도라쿠스가 사망한 1916년 이후 회사는 노동쟁의에 휩싸였다. 이럴 때 구원투수로 등판한 이가 스미토모전선제조의 가와카미 가이치였다. 3대 사장에 오른 가와카미 가이치 덕에 회사는 도산 위기를 넘겼다. 가와카미 가이치는 1950년 서른여덟 살인 장남 가와카미 겐이치에게 사장 자리를 물려줬다. 가와카미 겐이치의 자서전을 보면 그는 2차 대전 직후 미국 여행을 하면서 일본의 레저 산업을 발전시키겠다고 결심한다. 겐이치의 사업 영역 확장의 중심은 '사람들의 즐거움' 추구였다. 야마하 오토바이와 혼다 오토바이의 차이가 여기에 있다.

겐이치는 좀 색다른 '야마하음악교실'이라는 경영 전략을 폈다. 야마하는 이미 1954년에 오르간 교실을 시작했는데, 그 전략은 이렇다. 아이가 태어나면 매달 1,000엔씩 저금을 하라고 권했다. 4세부터 야마하음악교실에서 피아노를 배우고 10세가 될 무렵에는 쌓인 돈으로 피아노를 사는 스토리를 만들었다. 야마하음악교실을 전국적으로 전개하면서 야마하팝송경연대회와 세계가요제 (1970~1989년)도 개최했다. 야마하음악교실을 열어 직접 수요를 창출한 이 비즈니스 모델은 큰 성공을 거뒀다.

이곳에서 악기를 배워 연주하고 스스로 음악을 만드는 능력을 발전시키고, 자신이 만든 곡을 직접 느끼면서 다른 사람들과 즐거움을 공유할 수 있도록 하기 위해 음악교실을 운영한다. 2015년 1월 기준으로 전 세계 40여 개국 6,000곳의 센터에서 약 60만 명의 학생이 교육을 받고 있고, 500만 명이 넘는 졸업생을 배출했다. 세계 각지에서 운영하는 야마하음악교실도 야마하가 잠재 고객을 확보하는 한 방법이 되었다.

가와카미 겐이치는 경영을 맡는 동안 야마하 오토바이와 야마하 골프클럽 사업도 전개했다. 그가 일본 기업사史에 길이 남는 유명한 말을 남긴 건 1977년이다. 65세이던 그는 "발밑이 밝을 때 굿바이足元が明るいうちにグッドバイ"라는 말을 하고는 사장직에서 퇴임했다.

야마하는 악기라는 '명사'에 사업 영역을 가두지 않고 끊임없이 변하는 가공 기술과 '재미'라는 핵심 가치를 '동사'로 바꿔 변해가는 환경에서도 변하지 않는 가치를 지키며 130년 이상의 장수 기업으로 사업을 영위해나가고 있다.

산업의 경계가 사라지고 있다,
빅블러 현상

• •

기술과 산업의 급속한 발전으로 기업들은 점점 더 복잡하고 역동적이며 높은 적응력이 필요한 생태계에서 경영을 해나가고 있다. 가장 중요한 변화는 기업 대부분의 이윤 창출 가능성과 관계 및 교류를 결정지어 온 명확했던 경계가 빠르게 허물어지고 있다는 점이다. 모바일과 인공지능AI 시대가 본격적으로 시작되면 이러한 현상은 더욱 가속화될 것이다. 모바일 시대의 핵심은 누가 접근 가능성accessibility을 많이 확보하는가인데, 이를 확보한 기업은 경계를 허물면서 공격적으로 사업을 확장할 것이기 때문이다.

미래학자 스탠 데이비스Stan Davis는 1999년 자신의 저서《블러현상Blur: The Speed of Change In the Connected Economy》에서 혁신적인 기술의 발전에 따라 '기존에 존재하는 것들 사이에 경계가 허물어지는' 것을 일컬어 '블러blur'라고 했다. 또한 조용호는《당신이 알던 모든 경계가 사라진다》(2013)에서 '생산자-소비자, 소기업-대기업, 온-오프라인, 제품 서비스 간 경계 융화를 중심으로 산업 및 업종 간 경계가 급속하게 사라지는 현상'을 일컫는 용어로 '빅블러Big Blur'를 제시했다.

과거 역사를 반추해보면 문명적·지리적·과학적·기술적·제도적·문화적 경계는 큰 변화를 겪어왔다. 4차 산업혁명과 AI의 급격한 발전으로 인해 다양한 경계가 동시에 이동하면서 인류는 새로운 연결·가능성·아이디어의 창출을 통해 놀라운 약진을 겪으며 큰 문명 변화의 발걸음을 내딛고 있다. 전통적으로 한 업종에 전문화되어 있던 기존 기업들이 변화된 환경과 고객의 높아진 기대를 충족시키기 위해 다른 업종과의 융합을 추구하면서 상품과 서비스 간의 오래된 구분도 깨지고 있다.

사업 영역의 역할이 명확했던 밸류 체인Value Chain 경제 구조에서 무형 자산과 복잡계 특성이 지배하는 플랫폼Platform 경제로의 패러다임 전환이 이뤄지고 있다. 기존 세상을 정의하던 많은 개념이 재정의되면서 '명사'로만 존재했던 사업 영역을 '동사'로 민첩하게 변화시킨 기업들의 가치가 높아지고 있다. 혁신을 기존 상품·서비스를 넘어선 새로운 것을 만드는 과정이라고 정의한다면, 경계의 종말 시대 혁신의 판단 주체는 결국 고객이다.

이러한 변화에 대부분의 기업이 동참하고 있지만, 모두가 성공하는 것은 아니다. 핵심은 급변하는 환경에 적응하기 위해 변화하면서도, 변하지 않는 핵심을 지키는 것이다. 야마하는 130년이 넘는 시간 동안 수없이 많은 사업 영역으로 다각화를 하며 변해왔지만 '소재 가공', '재미'라는 핵심을 지켰기에 성장하며 생존할 수 있었다.

과학과 기술 분야 전역에서 이루어지고 있는 상호 교류와 융합의 증가는 수많은 지식의 경계를 허물어뜨린다. 이러한 현상은 이미 거의 모든 분야와 기업에 영향을 끼치고 있다. 기존에 존재했던 거대 조직과 소규모 조직 간 역량의 차이 또한 지속적으로 줄어드는 추세이다. 금전적 보상을 얻기 위한 일과 재미와 취미를 향한 열정 사이의 경계도 무너지고 있다. 심지어 민간, 시민, 공공부문 간 역할의 경계조차 희미해져 최근에는 이 세 부문이 새로운 파트너십과 협력을 통해 통합되고 점점 더 서로에게 의존하고 있다.

최근 몇십 년간 거대한 변화의 근본적 동력은 디지털 기술이었다. 디지털 기술은 사물을 바라보는 인간의 인식을 고정된 명사적 시각에서 유연한 동사적 시각으로 바꾸고 있다. 소비자는 자신이 구입한 물리적 제품을 이용하는 행동(경험)을 통해 새로운 가치를 만들어낸다.

명사적 사고로 바라보면 나이키는 신발, 닌텐도는 게임기, 레고는 조립식 완구를 만드는 회사로 그 경계가 분명하다. 하지만 동사적 사고로 보면 나이키와 닌텐도, 레고는 모두 인간에게 놀이를 제공하는 경쟁 기업이다. 나이키는 모바일 앱과 웨어러블 기기를 보급해 게임에 빠져 있던 청소년들이 다시 야외에서 운동을 즐기도록 하는 데 성공했다. 레고는 디지털 게임에 밀려 매출이 추락하다가 동영상 콘텐츠, 모바일 게임, 과학 교육 등의 디지털 서비스를 완구 제품과 연결하여 부활했다.

인터넷이 모험적이면서 사회적 영향력의 확대를 추구하는 사람들을 서로 연결한다. 이런 인터넷 세상에서 태어난 '디지털 네이티브Digital Native' MZ세대에서 출발한 사회·문화적 변화가 곳곳에서

| 그림 15 | 명사 중심의 시대 vs. 동사 중심의 시대

'명사' 중심의 시대

① 산업화 시대 기업들의 성공은 제품을 규정하는 '명사'를 누가 소유하느냐의 문제

② 물리적 제품이 기업 경쟁 전략의 기본
– 상품이나 산업의 경계가 분명함

③ 기술 혁신은 제품의 품질 향상, 새로운 기능 첨부, 생산성 극대화와 낮은 비용이 핵심

④ 경쟁 상대가 물리적 제품 중심으로 정의되고 경쟁의 핵심은 더 좋고, 더 싸고, 더 다른 것

⑤ 제품의 개념 변화에 대한 적응에 소홀

'동사' 중심의 시대

① "나이키의 상대는 닌텐도이다."
– 'Toy' → 'Play'로의 경쟁 전략 변화

② 물리적 제품과 연결되는 동사에 따라 다른 여러 의미와 가치가 발생하고 경계의 소멸
– '자동차' → '운전하다'

③ 혁신은 제품 중심이 아닌 제품을 통한 동사적 경험이 가치 창출의 중심

④ 동사 중심의 시대에는 경쟁 상대가 제품 중심이 아니라 경험 가치 중심으로 재편

⑤ 제품과 서비스의 근본적 개념의 변화와 파괴

일어나고 있다. 사람들을 연결하는 시대에서 사물인터넷Internet of Thing, IoT과 AI가 만나면서 발생한 방대한 분량의 데이터를 분석 및 해석하는 능력은 강력하고 새로운 통찰력과 예측력을 제공하고, 이는 결국 업종의 경계를 더욱 빠른 속도로 붕괴시킬 것이다. 우리는 거대한 변화의 시대 앞에 서 있다. 향후 몇십 년간 변화의 동인은 AI가 될 것이며 이러한 변화는 이미 시작되었다.

특히 코로나19 팬데믹이 확산되던 가운데 디지털 전환 가속화, 인공지능·빅데이터 등의 기술 혁신이 이뤄지면서 우리 사회에서는

게임의 룰이 바뀌고, 비즈니스의 영역 구분이 사라지고, 산업을 주도하는 기업이 달라지고, 산업의 경계선 역시 모호해지는 빅블러 현상이 빠르게 진행되고 있다.

자동차 업계의 빅블러,
자동차에서 모빌리티로

• •

자동차 산업의 빅블러 현상은 ICT 기술과 융합되며 기계 산업 중심의 '자동차'라는 명사에서 IT 서비스를 동반한 '움직이다'라는 동사로, 즉 모빌리티 서비스로 업종 전개가 이뤄지고 있다. 기술적으로는 내연기관 중심에서 전기차, 자율주행차, 공유차 등 미래차로 지칭되는 혁신적인 변화가 이뤄지고 있다. 실제 최근 완성차 기업들은 기계공학자들보다 소프트웨어 엔지니어들이 주류를 이루고 있다. 최근 자동차 시장은 대량생산 체제를 기반으로 시장이 형성됐던 공급자 중심에서 수요자 중심, 서비스 중심, 다양성 중심으로 산업의 패러다임이 빠르게 변하고 있다.

매년 4,000곳 넘는 기업과 16만 명 넘는 참관객을 미국 라스베이거스로 불러들이는 세계 최대의 가전 박람회인 CES Consumer Electronics Show에서 언젠가부터 자동차를 뺀다는 것은 상상하기 어려워졌다. 기존의 자동차 메이커뿐만 아니라 전자 산업 기업들도

| 그림 16 | 미래 차 글로벌 시장 전망

	시장 규모 전망치	연평균 증가율
전기차	2,600만 대 (2030년 기준)	31% (2020~2030)
자율주행차	1조 1,204억 달러 (2035년 기준)	40% (2020~2035)
공유차	7,000억 달러 (2030년 기준)	18% (2016~2030)
기존 자동차 시장	9,136만 대 (2019년 기준)	2% (2011~2019)

출처: 블룸버그Bloomberg, 한국은행

앞다퉈 미래형 자율주행차를 내놓고 있다.

자율주행차와 공유차의 급진적인 발전은 자동차를 더 이상 명사로 머물지 못하게 하고 있다. 전기차로의 빠른 이동은 이러한 변화를 가속화하고 있다. 프랑스, 영국 등 주요국 중심으로 내연기관 자동차 판매 중단 정책이 발표되는 등 기술 발전과 함께 정책적 지원을 통해 인프라, 주유·충전 시 소요 시간, 초기 구매 비용 등 내연기관 자동차에 비해 열위였던 요소들을 점차 극복해가고 있다. 이에 더해 제조의 용이성, 순간 가속 성능, 정숙성, 친환경성, 유지비 등 내연기관 자동차 대비 우위의 특성들을 강화하면서 기존 완성차 업체가 구축해놓은 경쟁력 기반을 약화시키는 혁신으로 작용하고 있다.

완성차 시장은 기계적 특성보다는 전기·전자 기기적 특성이 강

| 그림 17 | 소니 혼다 모빌리티의 첫 미래 차 프로토타입

2022년 10월 합작사 소니 혼다 모빌리티Sony Honda Mobility를 출범하고 미래 차 개발 협력을 선언한 일본 소니와 혼다가 CES 2023을 통해 첫 프로토타입을 공개했다.

한 전기차로 전환되거나 기존 내연기관 기반 자동차의 디지털화가 이뤄지면서, 디지털 기술을 활용한 이동 서비스가 자유롭게 구현될 수 있는 바탕이 마련될 것으로 보인다.

현대·기아차, 제너럴모터스GM, BMW, 벤츠, 도요타, 폭스바겐 등 쟁쟁한 자동차 회사 중에 가장 강력한 경쟁자는 내부에 있지 않다. 이들의 가장 강력한 경쟁자는 '테슬라Tesla'이며, 차를 한 대도 만들어보지 않은 차량 연결 플랫폼 '우버Uber'이다. 잠재적 경쟁자였던 구글과 애플 등도 직접 모빌리티 시장에 뛰어들며 자동차 회사들의 새로운 경쟁사로 떠오르고 있다.

자동차 산업에 우버와 구글, 애플 등이 들어오고, 전기차와 자율주행차가 시장을 주도하면서, 자동차 산업은 수많은 부품(하드웨어)의 조립 산업에서 첨단 ICT로 무장한 소프트웨어 산업으로 바뀌고 있다. 이러한 추세에 뒤지지 않기 위해 기존 완성차 업체들은 소프트웨어 중심 자동차SDV로의 전환을 서두르고 있다. 개인용 컴퓨터PC의 대중화에서 현재 모바일폰까지를 되돌아보면, 제조 기반의 하드웨어를 만들어 PC를 팔던 기업들은 수익 곡선의 하락으로 그 생명이 짧은 반면 소프트웨어를 만든 기업들은 많은 수익을 올리며 지속 발전하고 있다. 자동차 시장도 비슷한 흐름으로 갈 것이라는 위기감 속에 완성차 업체들은 변화에 속도를 내면서 자체 OS를 구축하기 위해 동분서주하고 있다.

애플과 소니 2차전

· ·

소니는 휴대용 카세트플레이어 '워크맨'을 내놓은 1979년 이후 줄곧 독자 제품으로 소비자의 '라이프스타일'을 완성하겠다는 야망을 펼쳐왔다. 소니는 오래전부터 폐쇄적이면서도 완성도 높은 하드웨어 생태계를 꿈꿨고, 거기엔 필연적으로 하드·소프트 융합이 필요하다는 것을 잘 알았다. 애플이 독자적인 플랫폼을 구축하고 있듯이 소니도 초기 워크맨에는 독자 규격의 헤드폰 잭을 사용했고, '베타'라는 고유의 비디오테이프 레코더 규격으로 승부를 걸었다. 경쟁 상대였던 VHS보다 뛰어난 성능을 자랑했지만, 우군 확보에서 밀리면서 1980년대 중반 이후 VHS 진영에 완패하며 독자적인 플랫폼 구축에 실패했다. 어찌 보면 이러한 연장선 위에서 1988년 미국 CBS 레코드를 인수했을 것이다. 즉 자사 하드웨어와 소프트웨어의 융합을 염두에 둔 것이었다.

소니의 이 같은 구상은 스티브 잡스의 전략에 그대로 적용되었다. 스티브 잡스가 2001년 1월 샌프란시스코 맥월드(신제품 출시 등에 초점을 맞춘 애플의 대표 행사)에서 내놓은 '디지털 허브 전략'이 그것이다. 실제 잡스는 어릴 때부터 소니 애호가였으며 특히 소니의 단순하면서도 세련된 디자인, 집착에 가까운 기술력을 좋아했다. 잡스는 1999년 소니의 모리타 아키오盛田昭夫 별세 직후에 아이맥 DV와 아이무비iMovie를 발표하는 자리에서 모리타의 사진을 화면에 띄우고 애도하며 "내게 가장 큰 영감을 준 사람 중 한 명이 모리타 아키오였다. 트랜지스터라디오, 트리니트론 TV, 첫 컨슈머 VCR, 워크맨, 오디오 CD 등을 세상에 내놓은 위대한 분이었다"라고 말했다.

이러한 잡스의 소니에 대한 호감은 2001년 애플이 디지털 음원 판매망 '아이튠'과 음악 플레이어 '아이팟'을 보급하면서 실현되었다. 애플의 전매특허인 자사 모든 기기를 폐쇄적 환경에서 연결하는 매끄럽고 고급스러운 사용자 경험의 시초이자 아이디어 제공자는 소니였다. 애플은 소니의 실패에서 교훈을 얻었고 소니의 전략을 가져왔다고 볼 수 있다. 즉 소니가 그렇게 꿈꾸던 하드·소프트웨어 융합을 이룬 것이다. 실제 소니의 공동 창업자 중 한 명으로 전후戰後 일본 기업가를 대표하는 모리타 아키오는 "소프트웨어와 하드웨어는 자동차의 양쪽 바퀴처럼 같은 빠르기로 달리는 것이다"라며 하드웨어와 소프트웨어의 융합을 갈망했다.

먼저 구상하고 시작했지만 실패한 소니는 다시 한번 이러한 구상에 도전한다. 잡스의 디지털 허브 전략 연설 10개월 뒤인 2001년 10월 소니의 CEO 안도 구니다케는 라스베이거스 컴덱스 전시회에서 '유비쿼터스 밸류 네트워크' 전략을 발표했다. 소니의 기기와 콘텐츠를 '언제 어디서나ubiquitous' 연결할 수 있도록 하겠다는 개념으로, 당시 유명했던 소니 '바이오' 컴퓨터와 '베가' 홈시어터를 주축hub으로 디지털 네트워크를 구축해 '소니 왕국'을 완성하겠다며 두 번째 하드·소프트웨어 융합을 발표한 것이다. 소니는 음악·영화 등의 콘텐츠 회사와 TV·PC·게임기·휴대전화 등의 필요한 모든 기기를 갖추고 있었기 때문에 갖고 있는 구슬을 꿰기만 하면 될 것처럼 보였지만 이번에도 결과는 참패였다.

문제는 사용자 편의성보다 자사 편의성을 위주로 한 제품을 쏟아냈다는 것이다. 소니는 경쟁사 제품보다 뛰어났던 자사 제품과 콘텐츠만으로 구성된 폐쇄된 세계를 완성해 소비자에게 제공하려 했다. 하지만 소니 제품이 다른 범용 제품과의 차별성을 잃어버리면서 소비자들은 굳이 소니의 폐쇄성을 감수해가며 소니가 꿈꾸는 세계에 동참할 이유를 찾지 못하게 되었다.

흥미로운 것은 이후 소니는 실적 추락과 시행착오를 여러 차례 겪고 경영자도 바뀌면서 급격한 구조조정을 통해 하드웨어 중심에서 소프트웨어·콘텐츠 중심 기업으로 거듭났다는 것이다. '가전의

| 그림 18 | 과거 20년간 소니의 부문별 매출 비중 변화

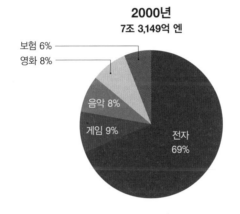

2000년
7조 3,149억 엔

보험 6%
영화 8%
음악 8%
게임 9%
전자 69%

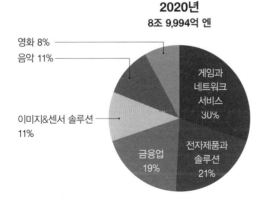

2020년
8조 9,994억 엔

영화 8%
음악 11%
이미지&센서 솔루션 11%
금융업 19%
게임과 네트워크 서비스 30%
전자제품과 솔루션 21%

출처: 〈머니투데이〉

제왕' 소니의 위업은 사라졌지만, 게임·영화·음악 등 콘텐츠 분야에서 확고히 자리를 잡은 것이다.

소니의 지난 20년간 매출은 한화로 76조 원에서 93조 원으로 약 22% 성장하는 데 그쳤다. 한때 경쟁자였던 삼성전자의 같은 기간 매출이 32조 원(2000년)에서 236조 8,000억 원(2020년)으로 640% 성장한 것에 비하면 과거 20년간 매출 측면에서 정체했다고 해도 과언이 아니다. 매출은 정체했지만, 기업의 체질은 완전히 바뀌면서 수익성은 개선되었다. 소니는 2001년 안도 구니다케가 꿈꿨던 생태계를 조성했다. 플레이스테이션을 기반으로 한 게임 사업에서 하드·소프트웨어 글로벌 플랫폼을 구축했다. 2000년 당시 게임과 콘텐츠 사업 매출 비중이 25%이던 사업 구조가 20년이 지난 2020년에는 50%까지 증가했고 전체의 70%에 육박하던 IT·전자 기기 매출 비중은 22%까지 줄었다. 이러한 변화로 소니의 수익성은 놀랍도록 개선되었다. 특히 소니가 열망했던 폐쇄적 플랫폼도 플레이스테이션을 통해 구축해가고 있다. 플레이스테이션에서는 일본 기준 월 850엔을 내면 'PS플러스' 회원이 되는데 회원들은 네트워크 대전이 가능하고 그 외에도 과거 게임을 무료로 내려받을 수도 있다. 그 결과 2021년 3월 말 전 세계 회원 수는 북미·유럽·일본 중심으로 4,760만 명에 달했다. 소니는 게임, 영화, 음악, IP를 서로 연결해 콘텐츠의 체험 가치를 극대화하기 위한 전략을 펼치고 있다. 이러한 플랫폼의 완성으로 소비자와의 직접적인 유대

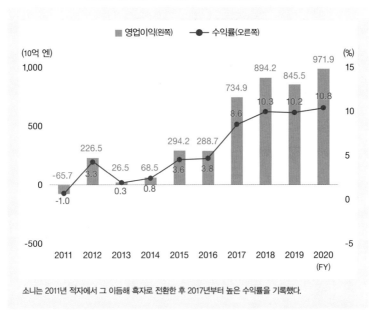

| 그림 19 | 소니의 최근 10년간 영업이익 추이

■ 영업이익(왼쪽) ● 수익률(오른쪽)

소니는 2011년 적자에서 그 이듬해 흑자로 전환한 후 2017년부터 높은 수익률을 기록했다.

출처: 소니

강화를 위한 D2CDirect to Consumer를 구축해 장기적으로 대상을 10억 명까지 늘리겠다는 구상까지 내놓고 있다.

소니는 2021년 12월 16일 독일 알텐호펜에 있는 테스트 코스에서 독일 통신사 보다폰과 함께 5G 환경에서 자사의 전기차 프로토타입인 '비전-S'를 원격으로 운전하는 시험에 성공하면서 또 한 번의 변신을 시작했다. 소니가 전기자동차 콘셉트카를 발표했을 때 일본 내 많은 자동차 기업들은 도요타나 혼다와의 경쟁에서 소니가 승산이 있을지에 대해 의구심을 제기했다. 일렉트로닉 회사가 메카닉 분야인 자동차에서 승부가 가능할지의 문제였다.

하지만 소니의 경쟁사는 도요타가 아니다. 소니는 자율주행차 사업 영역을 도요타나 혼다의 자동차 시장이 아닌 엔터테인먼트 영역으로 정의하고 있다. 자율주행차 비전-S를 발표할 당시 소니의 CEO 요시다는 "비전-S는 안전, 적응성, 엔터테인먼트에 기반해 만들어졌고 편안한 주행 경험을 만들어내는 데 있어서 안전이 1순위였다"라고 정의하고 있다. 즉 자동차라는 명사의 정의를 '움직이면서 놀다'로 재정의한 것이다. 자율주행 전기자동차는 이동 중 휴식과 즐거움을 얻는 공간으로 변신하고 있고 이런 새로운 패러다임의 변화 시기에 소니가 그 틈새를 파고들었다.

소니는 비전-S를 모든 제품과 데이터를 연결해 진화하고 성장하는 차로 설정했다. 차량의 주인이 자동차에 탑승하면 ToF 카메라 Time of Flight camera가 사용자를 인식하고 주인에게 가장 적합한 환경을 설정해 5G 네트워크로 영화·음악·게임 등을 즐길 수 있는 공간을 창조하고자 한다.

애플도 이미 전체 매출의 20% 이상이 서비스 부문에서 나오고 있는데, 앞으로 이 비중을 더 늘린다는 방향을 제시했다. 그러기 위해 애플도 콘텐츠·서비스 중심 기업이 되려는 계획을 갖고 있지만, 아직 그 위치는 불안하다. 애플은 그런 계획의 강화를 위한 당연한 수순으로 전기·자율주행차를 내놓았지만 이렇다 할 성과를 내놓지 못한 채 지지부진했다. 결국 진출하지 않는 것으로 발표했다. 애플과 소니의 2차전은 다시 시작되었다.

모빌리티의 경계는 사라지고 있다

• •

공유 승차 기업인 우버의 등장으로 '우버 때문에 못 살겠다'는 택시 기사들과의 갈등이 세계 곳곳에서 발생하던 중 2016년 1월 프랑스 파리에서의 택시 기사 파업이 일어났고 이 파업은 오히려 우버를 크게 홍보하는 결과를 가져왔다. 파리 시민들은 이 파업으로 택시 이용이 힘들어지자, 평소 우버를 이용하지 않던 사람들까지 우버를 경험할 기회를 갖게 되었다.

뉴욕에서도 비슷한 갈등이 일어났다. 뉴욕 택시의 영업 형태나 사업 구조는 한국 개인택시와 비슷하다. 기사가 되기 위해서는 시에서 발급하는 택시 면허권인 머댈리언medallion을 구입해야 하는데, 이를 위해서는 엄청난 돈이 필요하다. 뉴욕시는 택시 수를 일정 수준으로 관리하기 위해 1937년부터 이 제도를 운영했다. 막대한 돈으로 머댈리언을 구입한 기사들은 뉴욕시가 마련해놓은 진입 장벽 안에서 안정적인 영업권을 보장받았다.

머댈리언의 가치는 꾸준히 상승했다. 2000년대 초반만 해도 약 20만 달러였던 머댈리언 가격은 2014년 100만 달러 이상으로 치솟았다. 택시 기사의 거의 대부분을 차지하는 이민자들이 택시 운전을 미국 사회 정착의 지름길로 보고 앞다퉈 은행 빚을 내 면허권을 구입했기 때문이다.

하지만 코로나19 팬데믹 이후 머댈리언의 가격은 최고 수준이었던 2014년의 10분의 1인 10만 달러 안팎 수준으로 떨어졌다. 팬데믹의 영향도 있었지만 우버 등 공유 서비스의 등장이 택시 시장을 빠르게 잠식했기 때문이다. 머댈리언 가격의 하락도 문제이지만 택시 기사의 매출도 급감하면서 많은 기사들이 파산을 신청하거나 극단적인 선택을 하는 경우까지 발생하고 있다. 그중 한국계 운전사 한 명도 약 60만 달러에 머댈리언을 구입 한 후 영업에 어려움을 겪다 2018년 극단적 선택을 했다.

문제의 본질은 택시 업계는 우버라는 새로운 도전자와 밥그릇을 놓고 싸운다고 생각했지만, 파리 시민들은 과거 방식의 서비스와 미래 방식의 서비스가 충돌한 싸움으로 인식했다는 것이다.

자동차·전자·ICT·플랫폼 기업 모두 모빌리티 산업에 진출하고 있다

2020년 이후 완성차 기업들의 모빌리티 서비스로의 진출이 가속화되고 있다. CES 2022에서 현대차는 로보틱스와 메타버스가 결합된 '메타 모빌리티Metamobility' 등을 통해 인간의 이동 경험 영역을 확장하고 궁극적인 이동의 자유를 실현하겠다는 비전을 밝혔다. 로보틱스를 인간의 한계를 극복하는 차원을 넘어 모든 사물에 이동성을 부여하고, 더 나아가 가상과 현실의 경계를 허무는 매개체이자 신개념 모빌리티로 새롭게 정의한 것이다. 소니도 전기차 사업 진출을 공식화했다. 삼성전자와 LG전자도 자동차를 마치 사무 공간처럼 쓸 수 있는 스마트 기술을 대거 선보였다. 이제 자동차 산업은 차량 제조를 넘어 이동 편의를 위한 서비스를 종합적으로 제공하는 '통합 모빌리티 산업'으로 재편 중이다.

물류와 교통 업종, 자가용과 영업용이라는 모빌리티 경계의 파괴가 급속히 이루어질 것이다. 자동차, UAM(도심 항공 모빌리티) 등과 같은 모빌리티가 두 세계를 연결하는 접점이 되고, 특히 로보틱스가 두 영역을 잇는 매개체로 자리매김할 것이다. 일례로 자동차가 가상공간 접속을 가능하게 하는 스마트 디바이스로 변모하고, 사용자는 자동차 안에 구현되는 실제 같은 가상공간 속에서 다양한 경험in-car experience을 할 수 있다.

특히 전기자동차는 사용자의 필요에 따라 엔터테인먼트 공간이 되기도 하고 업무를 위한 회의실이 되기도 하며, 심지어는 3D 비디오 게임을 즐기기 위한 플랫폼으로 변신할 수도 있다. 엔진룸이 상품 적재를 위한 트렁크로 추가되면서 웬만한 소형 화물차 크기의 적재함을 갖추게 되어 소형 화물 배송의 중요한 수단이 될 것이다.

자가용과 영업용의 경계가 무의미해질 것이다

아마존의 일반인 배달 서비스인 '아마존 플렉스'를 비롯해 우리나라의 '쿠팡 플렉스', '배민 커넥트', '우버 잇츠' 등 자가용(비사업용)

이 배달 시장에 대거 들어왔다.

사실 이는 현행 '화물 자동차 운수 사업법' 제56조 및 제67조에 규정한 '비사업용 화물 자동차의 유상 영업 행위'에 해당된다. 이 법을 위반할 경우 2년 이하의 징역 또는 2,000만 원 이하의 벌금에 처해진다. 하지만 코로나19 팬데믹 상황과 대체 배송 수단의 부재, 해외에서의 허용 등의 영향으로 가까운 미래에는 자가용과 영업용의 경계가 무의미해질 것이다.

이용자와 제공자의 경계도 사라진다

공유 경제에서는 물류 서비스 이용자와 제공자의 경계가 모호해진다. 이용자(기업, 개인)도 물류 기업과 같은 제공자 역할을 할 것이다.

아마존 플렉스, 배민 커넥트, 쿠팡 플렉스, 쏘카 핸들러, 피기비, 무버 등 일반인 배달 서비스 제공자와 스토어X, 클러터Clutter 등 일반인 보관 서비스 제공은 자원 낭비를 최소화하려는 필必환경 트렌드에 큰 영향을 미칠 것이다.

이 트렌드가 더 확대되면 개인을 넘어 화주 기업도 물류 장비와 창고 등을 남는 시간에 타사와 공유하여 배달 및 보관 서비스를 제공하게 될 것이다.

또한 Z세대와 실시간 커뮤니케이션을 하고 맨투맨으로 대응하는 물류 서비스('레고 아이디어즈'와 같은 공동 창조 프로모션)도 경쟁력을 가질 수 있다.

생산·유통·물류의 구분도 무의미해진다

이미 산업 카테고리는 사라지고 산업 내 경쟁은 무의미하게 됐다. 산업 카테고리 차원에서 우리가 알고 있는 제조 산업이나 유통산업, 서비스 산업 등은 대부분 과거에 만들어진 산업 정의이며 구분이다.

이런 기준을 심지어 100년도 넘게 사용해온 분야도 많다. 따라서 자동차, 전자, 기계, 건설, 식품, 편의점, 백화점, 온라인 판매 등기존의 산업군 구분은 이제 무의미해질 것이다.

가까운 미래에 등장할 자율주행차는 화물차, 선박, 항공기 내에서 3D프린터 등으로 소량 개인맞춤형 생산이 가능해질 것이며 모빌리티가 단순한 배송 수단을 넘어 생산, 유통과 물류의 통합 기능을 수행할 날도 멀지 않았다.

업종의 경계, 승용차와 화물차의 경계, 사업(영업)용과 비사업(자가)용의 경계 등 철옹성 같은 벽이 점차 허물어지고 있다.

'명사'에서 '동사'로
전환하는 기업 찾기

• •

우리 기업들의 앞에는 빅블러 시대, 글로벌 주도권을 선점해야 할 중요한 도전이 놓여 있다. 창조적이고 파괴적인 혁신이 어느 때보다도 필요한 시점이다.

과거부터 늘 해오던 사업의 본질을 재해석하며 급격히 성장하는 회사가 많다. 유통의 본질을 생산과 소비의 연결이 아니라 배송 delivery으로 재해석한 쿠팡, 리테일 금융을 모바일로 재정의한 핀테크 회사들, 고객이 부르면 고객이 있는 곳으로 운송 수단을 보내야 한다는 모빌리티 기업들이 대표적이다.

성장하는 기업들의 공통점은 자신들이 성공한 사업 분야의 수직적 확장vertical expansion을 꾀하기보다는 업의 본질을 재해석하여 업의 본질을 지키면서도 다양한 분야로 수평적 사업 확장을 시도한다는 점이다. 한마디로 말해 본업에서 업의 본질을 파악하고 고객 맥락을 파악하고, 이를 다른 사업에 적용하는 것이다. 동남아시아에서 우버를 이긴 그랩Grab은 모빌리티 서비스뿐 아니라 음식을 배달하고, 택배 서비스를 하며, 금융 지주회사까지 설립했다. 우리나라에서도 카카오와 네이버는 금융업을 하고 있고, 쿠팡은 유통을 넘어 온라인 동영상 서비스OTT와 음식 배달업으로 사업 범위를 넓혔다.

다양한 산업의 경계가 무너지는 '경계의 종말', 즉 빅블러가 빠르게 다가오고 있다. 향후 지금보다 더 빠른 속도로 '경계의 종말'이 오는 것을 보고 경험할 것이다. 모바일 시대와 AI 생태계의 핵심은 누가 접근 가능성을 많이 확보하는가와 존재의 확보 경쟁이다. 이를 확보한 기업은 수직적 업종의 경계와 체계를 허물면서 공격적

으로 수평적 사업을 확장할 것이기 때문이다.[4]

최근 CES 전시장을 보면 산업 간 경계가 급속히 무너지고 있다는 것을 실감할 수 있다. 자동차 회사의 전시장에는 차량이 없고, 정보기술IT 회사들이 전기자동차를 진열해놓았다. 기업 간 고유 영역이 무너지는 빅블러 현상을 볼 수 있다. 최신형 TV나 IT 제품을 간판으로 하드웨어적 제품을 내걸던 소니는 과거와는 달리 콘텐츠와 하드웨어를 내세우며 CMOS 이미지 센서와 최고급 음향 시스템을 장착한 전기차를 자랑하고 있다.

또 다른 변화는 기술의 상향 평준화와 범용화 현상이다. 선진국과 개도국 간 기술 격차가 급속히 줄어들고 있음을 알 수 있다. 샤오미가 전기차 SU7을 출시한 것이나 베트남 자동차 회사 빈패스트VinFast가 두 종류의 새로운 전기차 모델을 선보인 것이 대표적이다. 겉으로 봐서는 선진국의 완성차와 차이를 느낄 수 없다. 과거에는 독보적인 기술을 만든 선두 기업은 상당 기간 그 기술을 향유할 수 있었다. 삼성전자의 초격차 기술을 기반으로 한 성장 전략의 한계가 보이고 있다. 그만큼 추격 속도가 빨라졌고 기업 간 기술 수준도 평준화되고 있다.

---

4 https://www.hankyung.com/article/2022092165711

3장

중장기 투자의 조건 3

룰 테이커가 아닌
룰 브레이커인 기업인가

"투자자들은 쿠다CUDA를 회의적으로 바라봤지만, 가속 연산의 순간이 언젠가는 올 거라 믿고 있었다."

2023년 5월 국립타이완대학교 졸업식 축하 연설에서 엔비디아의 창업자이자 최고경영자인 젠슨 황Jensen Huang은 2006년 당시 기존의 CPU 시장(룰 메이커Rule Maker)에 가로막혀 힘을 쓰지 못하고 있을 때 컴퓨터 연산과 시뮬레이션, 그래픽 처리 등에서 '룰 브레이커Rule Breaker'가 되겠다고 다짐하면서 GPU용 프로그래밍 언어인 '쿠다CUDA'를 출시할 때를 회상하며 이같이 말했다. 이후 2012년 즈음부터 쿠다를 사용한 AI 모델 훈련이 시작되었고. AI 열풍의 시초가 되었다. 엔비디아가 룰 테이커Rule Taker에서 룰 브레이커로 역전하기 시작한 때였다.

| 그림 20 | 엔비디아의 창업자 젠슨 황의 국립타이완대 졸업식 축하 연설(2023년 5월)

룰 테이커에서 룰 브레이커로

• •

엔비디아는 2023년 5월 30일 미국 증시에서 애플, 마이크로소 프트, 구글, 아마존에 이어 시가총액 1조 달러를 찍었고 불과 1년 이 채 되지 않은 2024년 3월 종가 기준으로 두 배인 2조 달러를 돌파하며 나스닥 상장 25년 만에 미 증시 '빅3' 기업이 되었다. 이 는 반도체 기업으로는 처음이었다. 1조 달러를 넘어섰을 때 로이터 Reuters는 "지구상에서 가장 중요한 기업이 됐다"며 "AI 기술이 아 직 초기 단계이므로 앞으로 몇 년간 사업이 성장할 여지가 있다"라고 평가했다. 여전히 룰 브레이커 정도의 평가였다. 하지만 2조 달러를 돌파했을 때 언론들은 AI 시대의 룰 메이커로서 지위를 인정하기 시작했다.

AI 머신러닝이 보편화되며 쿠다의 중요성도 상승하고 있다. 쿠다는 엔비디아 이외의 그래픽카드에서는 작동하지 않도록 설계되었다. '소프트웨어'와 '플랫폼'을 만든 것이다. 쿠다는 엔비디아 전용 AI 프로그래밍 소프트웨어인 것이다. 엔비디아는 2006년 게임용으로 활용되던 GPU(그래픽 처리 장치)를 범용으로 쓸 수 있게 하기 위해 쿠다를 개발했고, 대학과 개발자 커뮤니티에 이를 무료로 배

| 그림 21 | 2013~2023년 엔비디아 주가 흐름

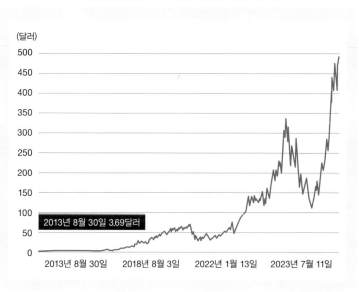

출처: 블룸버그

포했다. 2010년대 초반 학술대회에서 쿠다를 사용한 연구진이 "AI 학습과 연산에 GPU가 중앙처리장치cpu보다 효율적"이라고 발표하면서 GPU는 AI의 필수재로 굳어졌다. 엔비디아의 경쟁력이 강해지면서 쿠다 사용자 수도 가파르게 증가하고 있다. 누적 다운로드 건수는 4,000만 건에 달한다. 2022년에만 2,500만 건의 다운로드가 이뤄진 것으로 알려졌다.

개발자들이 AI 개발을 하기 위해선 엔비디아 GPU와 함께 쿠다를 사용해야만 했다. 이는 엔비디아가 시장에서 독주할 수 있는 생태계를 형성하는 계기가 되었다. 강해진 소프트웨어 경쟁력은 주요 GPU 수요자인 엔지니어들이 엔비디아 생태계에서 못 빠져나오도록 만들었다. AI 학습 속도를 높이는 엔비디아 프로그램을 전세계 1만 5,000개 스타트업, 4만 개 기업이 활용하는 게 대표적인 사례이다. 이는 엔비디아의 압도적인 AI용 GPU 점유율로 이어진

| 그림 22 | 엔비디아, '룰 테이커 → 룰 브레이커 → 룰 메이커'로

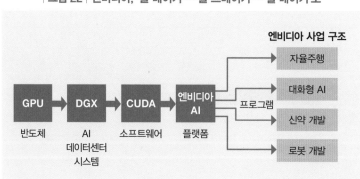

다. 엔비디아의 AI 반도체 점유율은 92%로 경쟁사인 AMD(5%), 인텔(1%)을 큰 격차로 따돌리고 있다. 엔비디아가 룰 테이커에서 룰 브레이커로, 다시 룰 메이커로 바뀐 것이다.

런던비즈니스스쿨의 전략학 교수로 재직 중인 세계적인 경영학자 개리 해멀Gary Hamel은 그의 저서를 통해 기업의 속성을 세 가지로 나누고 있다. 첫 번째는 룰 메이커이다. 이들은 새로운 규칙을 만드는 집단으로 한 산업을 선점하고 그 시장을 좌지우지하는 조직이다. 대표적인 룰 메이커로는 마이크로소프트나 인텔 같은 회사가 있다.

이미 시장을 선점하고 있는 게 '룰 메이커'라면, 그들을 추종하며 모방하는 기업은 '룰 테이커(개리 해멀의 두 번째 속성)'이며, 새로운 부를 창조하는 기업은 '룰 브레이커(세 번째 속성)'이다. 변방邊方이 중심으로 진입하려면, 즉 기존 질서(룰 메이커)를 넘어서려면 단순히 '추종하는(룰 테이커)' 차원이 아닌 새로운 질서를 창조하기 위해 고정(기존)의 틀을 깨야 한다(룰 브레이커). 창조적인 파괴자가 되어야 한다는 뜻이다.

많은 기업은 룰 메이커가 만들어놓은 규칙과 시장에서 이들을 추종하며 낮은 위험low risk과 적은 보상low return을 영위할 뿐이다. 개리 해멀이 말하는 이상적인 기업의 모습은 룰 브레이커이다. 이들은 대부분의 기업이 룰 테이커의 역할에 연연할 때 과감히 룰 브레이커가 되어 도전하고 변화하며 블루오션을 창출해나간다.

"넥스트 잡스는 엔비디아 CEO?"

• •

2011년 1월 애플의 창업자 스티브 잡스가 병가를 냈다는 기사가 나왔다. 2004년 췌장암 치료와 2009년 간이식을 받은 잡스를 두고 사망설이 흘러나오던 때였다. 당시 해외 언론들은 '잡스의 후계자가 누구인가'에 초점을 맞췄다. 미 IT 웹진 〈테크뉴스월드〉는 '넥스트 잡스는 엔비디아 CEO?'라는 제목의 글을 실었다. 포스트 잡스 시대를 이끌 경영자로 엔비디아 CEO를 꼽은 것이다. 물론 거론된 당사자는 자신을 '제2의 잡스'라 부르는 미디어를 향해 "잡스와 같은 인물은 다시 없을 것"이라고 겸손하게 답했다. 다만 인터뷰 말미에 이런 말을 남겼다.

"애플은 훌륭한 기업이다. 세계를 바꾸는 데 일조했다. 하지만 엔비디아는 (애플보다) 훨씬 젊다. 우리는 애플이 그랬던 것처럼 세계에 큰 영향을 미칠 수 있을 것으로 본다. 엔비디아는 머지않은 미래에 마법 같은 일을 해낼 것이다."

젠슨 황은 1963년 화학공학자였던 아버지와 영어를 가르쳤던 어머니 사이에서 태어났다. 어린 시절을 대만에서 보내다가 9세가 되던 해인 1972년 부모와 '생이별'하고 미국의 삼촌에게 맡겨졌다. 그는 미국 중남부 켄터키에 있는 '오네이다 밥시스트' 학교에 입학했다. 어린 젠슨 황에겐 쉽지 않은 길이었다. 동양인이라는 이유로 3년 넘게 기숙사 변기를 닦아야 했다. 젠슨 황은 "이를 악물고 버

텄다"라고 회상했다. 이 때문인지 그는 악바리처럼 공부했다. 말 그대로 공붓벌레였다. 석사 시절 수강한 모든 과목에서 A 학점을 받았을 정도였다. 젠슨 황은 오리건주립대학교에서 전자공학을 전공하고 스탠퍼드대학교 대학원에서 전기공학을 전공하던 시절 반도체 기업 LSI 로지스틱스와 AMD의 반도체 설계 업무를 맡다가 엔비디아를 창업했다.

엔비디아는 미국 레스토랑 체인 '데니스Denny's'에서 시작됐다. 여기서 세 사람이 의기투합했다. 젠슨 황은 1993년 그래픽 칩셋 설계 엔지니어 커티스 프리엠Curtis Priem, 전자기술 전문가 크리스 말라초스키Chris Malachowsky와 함께 엔비디아를 설립했다. 그의 나이 30세 때 일이다. 그들의 시작은 고작 침대 2개만 있는 아파트였다. 여느 벤처들과 비슷한 출발이었다.

사업 초기 엔비디아는 PC 게임과 AI 컴퓨팅 등 당시로는 생소하던 분야에 골몰했다. 젠슨 황은 당시를 이렇게 회상했다. "1990년대 초 PC 산업이 빠르게 성장했다. 하지만 PC에서 멀티미디어를 구현한다는 것은 공상으로 받아들여졌다. 그럴 법도 했다. 마이크로소프트의 윈도95조차 출시되기 전 아닌가. 그때 나는 PC가 뛰어난 플랫폼이 될 것으로 믿었다. 더불어 3D 기술이 모든 PC에서 적용될 것으로 봤다."

말라초스키와 프리엠은 각각 하드웨어 설계와 소프트웨어 아키텍처를 담당했고, 젠슨 황은 사업 결정에 주력했다. 사업 초기에는 회사명조차 정하지 않고 시작했다. 이들은 파일을 제작할 때면 '다음 버전next version'의 앞글자를 딴 'NV'를 파일명에 붙여온 만큼, 스타트업도 이에 착안해 '엔비전Nvision'이라고 불렀다. 문제는 비슷한 이름을 가진 회사가 이미 여러 곳 있었다는 점이다. 마땅한 이름이 생각나지 않자 이들은 라틴어 사전을 뒤적이며 시간을 보냈다. 그러다 'NV'와 발음이 유사한 라틴어 '인비디아Invidia(부러움)'를 발견했고, 이를 바탕으로 회사 이름을 지금의 '엔비디아NVIDIA'로 정했다.

| 그림 23 | 엔비디아가 1995년 출시한 'NV1'

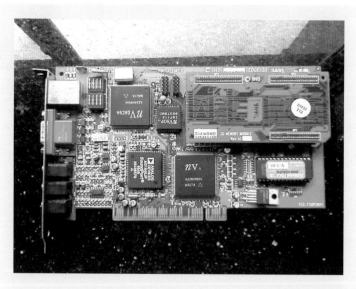

출처: 엔비디아

창업 2년 후인 1995년 PC용 멀티미디어 그래픽카드 'NV1'을 출시했지만 참패였다. 3차원(3D)만 처리하는 것이 아니라 2차원(2D)과 3D, 음성까지 모든 멀티미디어 데이터를 한 장의 카드로 처리할 수 있다는 점은 인상적이었다. 하지만 가격이 비쌌고, 결정적으로 독자 기술을 고수한 탓에 호환성이 떨어졌다.

엔비디아는 설립 후 4년 동안 수익을 내지 못해 투자금이 거의 거덜 날 위기에 처했다. 하지만 그들의 가능성과 비전을 본 세쿼이아캐피털Sequoia Capital 등 벤처투자사들이 엔비디아에 약 2,000만 달러를 투자했고, 이 투자를 바탕으로 회사를 키워나갈 수 있었다. 1997년 'NV3'를 출시하며 시장에서 호평받았다. NV3는 표준 기술에 적합한 제품이었다. 예상보다 시장의 반응이 빨랐다. 당시 GPU 시장은 3dfx의 부두 칩voodoo chip이 꽉 잡고 있었는데, NV3의 성능이 이를 능가한다는 평가가 잇따랐다. NV1에서 치명적인 결함이었던 호환성의 약점을 보완한 것이 주효했다. 이후 본격적으로 업계에서 입지를 다지기 시작한 엔비디아는 1999년 최초 지포스 제품군 'NV10(지포스 256)'을 출시했다.

사실 처음 젠슨 황은 CPU를 만들고 싶어 했다. 멀티미디어 처리에 특화된 CPU를 만드는 것이 꿈이었다. 당시 빠르게 성장하던 비디오 게임 시장에 주목한 것인데, 요즘 개념으로 따지자면 바로 APU(CPU+GPU)다. 현재 시중의 CPU 대부분이 APU 형태로 만들어지는 점을 감안하면 20년 이상 시대를 앞선 그의 혜안을 엿볼

| 그림 24 | 엔비디아의 'NV10(지포스256)' GPU(1999년 출시)

출처: 엔비디아

수 있다. 젠슨 황은 3D 그래픽을 생성하는 과정에서 CPU에 매우 반복적이고 수학 집약적인 요구가 발생한다는 사실을 발견했다. 엔비디아는 CPU가 직렬로 계산을 처리하는 것보다 전용 칩을 통한 병렬처리가 더 빠르다는 것을 알고 병렬처리 칩을 개발했다.

젠슨 황의 이러한 인사이트를 바탕으로 엔비디아의 그래픽카드가 처음 탄생했다. 이후 엔비디아의 비즈니스는 수년 동안 그래픽이 주도했다. 30년이 지난 지금도 지포스 라인과 같은 게임용 그래픽카드가 매출의 3분의 1을 차지하고 있다. 사실 그래픽 칩 자체로

84

보면 인텔의 생산량이 더 많지만, 엔비디아는 세계 최대 외장 그래픽카드 공급자로 자리매김했다.

젠슨 황의 APU 개발은 병렬처리에 더 빠른 성능을 가진 칩 개발로 이어졌고 병렬처리 기술은 엔비디아의 성장을 한층 가속화시키는 원동력이 되었다. 3D 그래픽 모델링 과정과 유사한 행렬 연산 구조가 각종 문제를 해결하는 데 병렬처리 기능이 쓰이기 시작한 것이다. 소프트웨어 개발자들은 그래픽 칩을 비그래픽 애플리케이션에 적용할 방법을 찾고 있었다. 이를 위해서는 GPU가 마이크로소프트의 다이렉트X 그래픽 API 또는 오픈 소스인 오픈 GLOpen Graphics Library에 계산 결과를 명령할 수 있는 형식으로 변환돼야 했다.

이러한 요구를 알아차린 엔비디아는 일련의 과정을 거쳐 2006년 새 아키텍처 '쿠다'를 발표했다. 쿠다는 수학적 처리 속도를 높이기 위해 직접 C언어로 프로그래밍하고, 병렬 컴퓨팅에서의 소프트웨어 개발자들의 사용을 간소화하는 모델이었다. 쿠다의 첫 번째 응용은 지질 조사에서 얻는 방대한 데이터를 처리해야 하는 분야 중 하나인 석유 및 가스 탐사 영역에서 이루어졌다.

엔비디아가 개발한 쿠다를 통한 병렬처리 기술은 엉뚱하게도 2016년부터 암호화폐 시장이 급성장하면서 또 한 번 그 가치를 인정받기 시작했다. 암호화폐를 채굴하기 위해서는 암호화폐 네트워크에서 주기적으로 생성되는 복잡한 암호화 문제를 풀어야 한다.

서버의 연산 처리 성능이 좋을수록 암호화 문제를 빨리 풀 수 있으며 암호화폐의 획득, 즉 채굴 효율도 상승한다. 암호화폐 채굴 초기에는 CPU를 많이 사용했지만, 그래픽카드의 핵심 부품인 GPU가 채굴에 더욱 효과적이라는 것이 드러나면서 그래픽카드 수요가 치솟았다.

여러 종류의 작업을 처리하기 위해 만들어진 CPU와 달리 GPU는 단순한 연산 작업을 반복적으로 처리하는 연산용 코어만 수십 개에서 많게는 수백 개까지 탑재한 것이 특징이다. 비트코인은 연산 작업을 반복해야 암호화 문제를 풀 수 있기 때문에 직렬 계산 방식의 CPU보다는 병렬 방식의 GPU가 채굴에 유리했다.

본래는 복잡한 연산 가속과 전문 연구를 위한 전문가용 GPU가 있었으나 이러한 전문가용 GPU는 한 장당 가격이 수백만 원대에 달한다. 비트코인 등 암호화폐를 캐는 디지털 광부들은 비싼 전문가용 GPU보다 일반 소비자용 그래픽카드에 눈을 돌렸다. 일반 그래픽카드용 GPU는 전문가용과 비교해 연산 처리 성능은 크게 떨어지지만, 가격은 훨씬 저렴하기 때문이다. 다수의 일반 그래픽카드를 병렬로 구성해도 수백만 원대의 전문가용 GPU보다 저렴한 비용으로 더 높은 채굴 효율을 낼 수 있다. '질보다 양'인 셈이다. 그 결과 암호화폐 채굴 현장에 일반 소비자용 그래픽카드가 대량으로 투입되기 시작했고, 시장에서 그래픽카드 품귀 현상까지 발생했다. 2017년 2분기와 2018년 들어 1, 2차 그래픽 카드 대란이

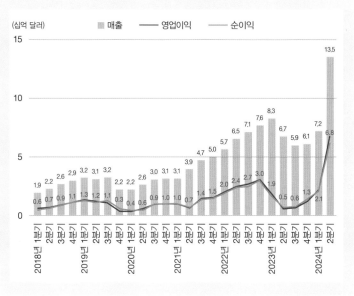

| 그림 25 | 엔비디아 분기 실적 추이(2018년 1분기~2024년 2분기)

(십억 달러)　■ 매출　── 영업이익　── 순이익

출처: 블룸버그

발생했다. 엔비디아는 2018년 1분기 실적 발표에서 처음으로 암호
화폐 시장과 관련된 매출이 2억 8,900만 달러를 기록했다고 발표
했다. 이후 수년간 엔비디아는 캘리포니아 골드러시 시절의 곡괭이
판매상처럼 호황을 누렸다.

　암호화폐의 광풍으로 엔비디아가 수혜를 보기 했지만 최근 몇
년간 엔비디아 GPU의 가장 큰 수요는 AI 분야였다. 머신러닝 모
델을 훈련하기 위해서는 수조 번의 반복적 계산이 요구됐다. 고품
질 3D 그래픽을 처리하기 위해 컴퓨팅 성능과 속도를 크게 끌어올

린 GPU가 인공지능을 학습시키고 운용하는 데 가장 적합한 반도체라는 점이 알려지면서 엔비디아의 새로운 전성기가 시작됐다. 오픈AI는 GPT-4가 1조 개 이상의 파라미터를 가지고 있다고 말한다. 실제 엔비디아는 오픈AI가 개발 중이던 '대규모 언어 모델LLM'의 학습을 가속화하기 위해 H100 프로세서에 기반한 특수 컴퓨팅 모듈을 구축했다. 엔비디아는 GPU 기술을 기반으로 AI 반도체 H100, A100을 출시했고 이 제품들은 현재 품귀 현상을 빚고 있다.

챗GPT와 같은 최신 AI 도구에 대한 관심도 엔비디아 하드웨어 수요로 이어지고 있다. 이러한 수요로 인해 엔비디아는 생성형 AI의 기반인 LLM의 개발 및 학습에 도움이 되는 소프트웨어 개발을 모색하고 있다. 엔비디아는 자체 데이터로 학습된 산업 맞춤형 LLM을 구축·조정·실행해 작업 수행 리소스가 부족한 기업을 위한 클라우드 기반 생성형 AI 서비스인 엔비디아 AI 파운데이션을 선보였다. 엔비디아가 공개한 AI 파운데이션 모델의 주요 요소로는 네모NeMo와 피카소Picasso, 바이오네모BioNemo 등이 있다. 네모는 클라우드 서비스 기반 엔터프라이즈 프레임워크이고, 피카소는 이미지, 비디오, 3D 애플리케이션을 생성할 수 있는 AI 서비스이다. 바이오네모는 생물학 및 생명과학 분야를 위한 모델로, 출시까지 최대 15년이 걸리는 신약 개발 속도를 가속화하는 데 생성형 AI를 활용한다.

| 그림 26 | 딥러닝 및 인공지능 솔루션

출처: 엔비디아

엔비디아는 자사의 하드웨어, 소프트웨어 및 서비스를 통해 초기 단계의 신약 개발 기간을 몇 달에서 몇 주로 단축할 수 있다고 주장하고 있다. 현재 암젠Amgen과 아스트라제네카AstraZeneca 같은 제약 회사들이 이를 테스트 중이다. 미국 제약 업계의 경우 연간 1,000억 달러 이상을 연구개발에 지출하고 있다. 엔비디아 전체 매출의 3배가 넘는 규모이다.

엔비디아는 이러한 병렬처리 기술로 자율주행 자동차 시장에서의 지배자가 되기 위해 한 걸음씩 나아가고 있다. 젠슨 황은 라스베이거스에서 열린 'CES 2018' 오프닝 나이트에서 엔비디아는 자율주행 기술을 이용해 운전을 더욱 안전하고 편안하게 할 수 있도록 하고 자율주행 트럭과 로봇 택시를 만들 예정이라고 발표했다.

| 그림 27 | 엔비디아 자율주행 자동차 기술 및 솔루션

엔비디아는 우버와 폭스바겐 이외에 아우디와 테슬라, 볼보, 바이두, 벤츠 등 무려 320개 이상의 기업에 자동차의 자율주행 관련 애플리케이션을 제공하고 있다.

엔비디아의 병렬처리 방식의 칩 기술은 자율주행 자동차 시장에서 두 가지 측면으로 접근 가능하다. 첫 번째는 사람을 위험에 빠뜨리지 않고 자율주행 알고리즘을 테스트할 가상 환경을 구축하고 운영하는 데 장점이 있다. 다른 하나는 자동차 주행에서의 강점이다. 자율주행 자동차의 알고리즘이 가상 환경을 벗어나 실제 도로로 나가면 자동차는 실시간 이미지를 처리하고 경로를 유지해야 한다. 이때 무수한 계산을 수행할 병렬 계산용 칩이 필요하다.

자율주행은 엔비디아의 2023년 1분기 전체 매출 중 4%(3억 달러)를 기록했다. 회사 매출 영역 중 가장 적다. 하지만 매년 2배 이상씩 성장하며 기대를 모으고 있다. 엔비디아는 AI 시대를 맞아 룰 브레이커를 넘어 지배자가 되어가고 있고 젠슨 황은 자신의 부인에도 불구하고 제2의 스티브 잡스가 되었다.

　애플 역시 전형적인 룰 브레이커였다. PC 회사로 출발하여 나름 독자적인 위치를 선점했지만, 마이크로소프트 진영에 밀려 고전을 면치 못했다. 하지만 그들은 PC 시장을 과감히 축소하고 아이팟, 아이폰, 아이패드 등 포스트 PC 시장에 뛰어들어 세계에서 가장 매력적이고 가치 있는 룰 메이커 기업으로 등극했다.

룰 브레이커가 되기 위한 노력들

• •

　룰 브레이커가 되기 위한 국내 기업들의 몸부림도 이곳저곳에서 감지되고 있다.

　"이른바 룰 브레이커 마인드를 갖고 기존에 고착된 불합리한 관행은 새로운 룰과 프로세스로 전환해야 한다."

　2021년 12월 삼성전자에서 완제품 사업을 담당하는 DX 부문을 이끌게 된 한종희 부회장은 취임 인사말에서 이같이 말했다. 그는 취임과 함께 위기의 삼성전자를 진단하며 사내 게시판에 올린 취임사에서 '원 삼성One Samsung'과 '룰 브레이커'를 핵심 단어로 올렸다.

삼성전자는 한때 패스트 팔로어Fast Follower였다. 엄밀히 말하면 여타 기업보다 더 빠른 행보를 보이는 가장 빠른 패스티스트 팔로어Fastest Follower였다. 물량 면에서는 시장을 선도하고 있는 애플을 추월하기도 했다. 패스티스트 팔로어는 패스트 팔로어보다 한 걸음 더 빨리 선도자를 따라가는 기업을 말한다. 패스트 팔로어 전략은 선도자 기업의 제품이나 서비스가 확실하게 자리를 잡는 것을 보고 빠르게 대응하는 것으로 위험을 낮추는 것과 동시에 선도 기업의 제품이나 서비스를 분석하고 단점을 보완하여 그보다 가성비 높게 시장에 내놓는 것이다.

삼성전자는 패스티스트 팔로어 전략으로 시장에서 룰 테이커로서 어느 정도의 위치를 점했지만 룰 브레이커로는 한계를 보이고 있다. 애플은 퍼스트 무버가 아니라 룰 브레이커였다. 사람들이 세계 최초의 GUI로 알고 있는 매킨토시의 GUI 역시 처음 나온 것이 아니다. 스티브 잡스가 제록스를 방문해서 본 세계 최초의 GUI 컴퓨터인 '스타 OS'를 모델로 개발한 것이다. 아이팟은 최초의 MP3 플레이어가 아니었으며 아이폰 역시 최초의 스마트폰이 아니었다. 패드는 아이패드가 출시되기 10년 전인 2000년 초에 마이크로소프트가 먼저 만들었다. 그런데도 사람들은 애플이 시장을 선도하고 있다고 생각하고 있다.

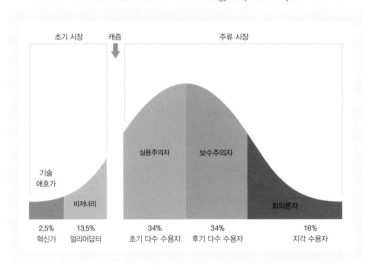

| 그림 28 | **기술 수용의 생애 주기**Technology Adoption Life Cycle **그래프**

초기 시장　　　캐즘　　　　　　　　　　주류 시장

기술
애호가

비저너리

실용주의자　　보수주의자

회의론자

2.5%	13.5%	34%	34%	16%
혁신가	얼리어답터	초기 다수 수용자	후기 다수 수용자	지각 수용자

　실리콘밸리의 IT 컨설턴트인 제프리 A. 무어Geoffrey A. Moore는 이러한 현상을 '캐즘 이론'으로 설명하고 있다. 캐즘Chasm이란 지각변동에 의해 지층 사이에 구멍이 생기는 현상을 말한다. 새로운 IT 제품이 시장에 나오면 초기 시장에서 주류 시장으로 넘어서기 직전에 수요가 급감하는 구간을 캐즘이라 한다. 많은 제품이나 서비스가 이 캐즘을 넘어서지 못하고 사라지는 경우가 많으며 이 단계를 넘어서는 순간 사람들에게 확산되는 파급효과가 나타난다. 애플은 캐즘이 거의 끝나가는 타이밍을 정확하게 맞추어 시장에 제품을 내놓는 것을 잘한다. 물론 타이밍만으로 가능하지는 않다. 초기 제품보다 월등한 완성도와 탁월한 사용자 수용성이 제공돼야

한다. 이런 것이 반복되면 사람들은 그 제품이나 서비스가 출시될 때마다 '사용할 만하다'라고 인식하게 되며, 결국 그 제품이나 서비스는 새로운 기준이 된다.

'시장을 선도한다'는 의미는 최초로 제품이나 서비스를 내놓거나 가장 많이 파는 것이 아니라 사람들의 인식 속에 기준을 만드는 것이다. 반드시 최초일 필요는 없다. 룰 브레이커가 되어 시장을 교란시키고 새로운 기준을 만들어가는 기업이 결국 시장을 선도하며 기업의 가치가 높아지는 것이다.

전기자동차 시장에서도 비슷한 현상이 나타나고 있다. 새로운 혁신 기술이라는 이유로 전기차를 구매했던 소비자들은 일반적인 소비자 수용 곡선에서 앞쪽에 위치한 혁신가, 얼리어답터로 분류된다. 전기차가 진짜 대중화되기 위해서는 '초기 다수 수용자'를 설득해 캐즘 구간에서 빠져나와야 하는데, 공급자 측면에서 그 차이를 메우지 못하고 있는 것으로 볼 수 있다.

보통 침투율이 16% 정도에 이르는 구간에서 캐즘이 찾아온다. 글로벌 전기차 시장은 2023년이 지나면 연간 판매 비중이 16%를 넘어설 것으로 전망된다. 산업에서는 캐즘 구간에서 판매량 둔화 및 경쟁 심화 현상을 겪게 되며, 업체별로는 차별화 전략을 고민하게 된다.

지난 전기차 시장 둔화의 가장 큰 원인으로는 '가격 장벽'이 꼽힌다. 잠재 전기차 소비자가 가격에 더 민감해진 것은 팬데믹 이후 급격한 금리 인상이 큰 이유이기도 하다. 하지만 과거 고소득자를 대상으로 제한된 종류의 고가 전기차만 출시되던 때와는 달리 이제는 상황이 달라졌다는 점도 고려해야 한다.

비교적 다양한 종류와 가격대의 전기차가 출시되며 전기차를 구매 옵션으로 생각하는 소비자 풀이 늘었고, 일반적인 내연기관 차량 가격과 비교를 시작하며 가격이 중요한 구매 결정 요소로 들어서게 된 영향이 크다. 가격에 비교적 둔감한 고소득 얼리어답터가 아니라 이제는 초기 다수자를 더 설득해야 하는 시기이다. 전기차 시장은 가격 경쟁으로 전선이 옮겨가고 있다.

전기차 시장의 룰 브레이커가 필요한 상황이 전개되고 있다. 전기차 시장의 캐즘 현상은 '가격 장벽'도 주된 이유이지만 충전 인프라도 한몫을 차지하고 있다. 이 시장에서 룰 브레이커들이 나타나고 있다. 정확히는 룰 브레이커가 룰 메이커가 되는 과정에 있다.

> 테슬라의 강점은 모델3도 아니고, 앞으로 출시될 전기차도 아니다. 미국 내 천천히 확대되고 있는 슈퍼 차저charger(충전기) 네트워크가 가장 큰 무기이다.
>
> 모건스탠리Morgan Stanley

2023년 상반기 급속 충전기를 기준으로 테슬라는 미국 내 1,900개 충전소를 두고 2만여 대의 충전기를 운영 중이다. 이에 비

| 그림 29 | 테슬라의 미국 내 급속 충전기 현황(2023년 상반기 기준)

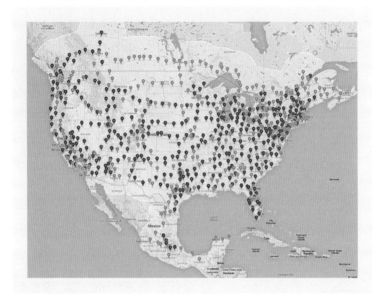

출처: 테슬라

해 CCS1 방식의 충전소는 5,400곳으로 충전기 1만 1,000여 대를 보유하고 있다. 미국 전역에 깔린 충전기의 3분의 2가 테슬라 소유인 셈이다.

전기차 이용자들도 테슬라 방식에 좀 더 호의적인 듯하다. 〈뉴욕타임스〉는 "테슬라 충전기가 더 작고 가벼워 다루기 쉽고, 다른 업체보다 결제 방식도 비교적 간편하다"라고 보도하고 있다. 테슬라는 미국 시장을 발판으로 전기차 충전 시장에서 글로벌 강자의 자리를 노리고 있다. 2023년 550억 달러(약 72조 원) 규모로 예상되는

| 그림 30 | 글로벌 전기차 충전 시장 규모

3,250억 달러
(약 427조 원)

550억 달러
(약 72조 원)

2023년　　　　　　　　　2030년

출처: 롤랜드버거Roland Berger

글로벌 전기차 충전 시장은 2030년에 3,250억 달러(약 427조 원)로 성장할 것으로 보인다. 자동차 시장의 룰 브레이커로 나타나 룰 메이커가 되려고 하는 것이다.

　대부분의 산업은 분야별로 룰 메이커가 있다. 투자 관점에서는 룰 메이커가 안정적으로 보이므로 투자자 대부분이 그곳으로 모여든다. 특히 안정성을 추구하는 기관 투자자들이 그렇다. 그러나 수익률 측면에서는 룰 브레이커 기업들이 매력적이다. 특히 룰 브레이커에서 시작해 룰 메이커가 되려는 기업들은 이러한 현상의 정점에 있다. 엔비디아나 테슬라 같은 기업들일 것이다. 이해를 돕기 위해 글로벌의 대표 기업들을 사례로 들었지만, 우리의 일상에서 이러한 기업들을 발견하고 가치를 알아보는 눈을 가지는 것이 중요하다.

4장

중장기 투자의 조건 4

'왓'이 아니라
'하우'가 있는 기업인가

서로 비슷한 상품이나 서비스를 판매하는 기업끼리 이후 전혀 다른 결과를 가져오는 경우를 볼 수 있다. 그 사례 중 하나가 시계 산업의 변화이다. 이를 통해 기업이 어떤 가치를 기준으로 변화하느냐가 지속 가능한 성장의 성패를 결정한다는 인사이트를 발견할 수 있을 것이다.

시계 산업의 변화

••

인류에게 시간을 알려주는 도구는 낮과 밤, 달의 형태, 계절의 변화, 천체의 운동을 기준으로 오랜 시간 진화해왔다. 고대에 시간은 신이 주는 메시지였고 권력자들은 시간 정보를 독점하면서 이를 백성들을 통제하는 수단으로 사용했다. 권력자들에게 시간의 정확도는 중요했으며 정확성을 높이기 위한 다양한 시도들이 있었다. 태양의 그림자를 이용한 해시계, 물의 양으로 측정했던 물시계, 천체도를 정교하게 재현한 플라네타륨planetarium까지 다양한 형태로 발전했다.

자연력이 아닌 기계력으로 시간을 측정하려는 시도는 13세기 유럽에서 등장하기 시작했다. 기계력 시계 등장이 서양 문명에서 얼마나 중요한 역할을 했는지에 대해서는《스페인 은의 세계사》의 저자 카를로 M. 치폴라Carlo M. Cipolla 교수의《시계와 문명》이 많은 인사이트를 제공하고 있다.

저자는 기계로 인력을 대체하려는 사고방식은 유럽만의 특징이라고 단정한다. 중세 암흑 시대가 서서히 끝나가면서 유럽에서는 많은 도시가 성장했다. 이때 생긴 독립적이면서도 실용주의적인 문화가 시계 탄생의 동력으로 작용하던 와중에 14세기 유럽을 휩쓴 흑사병이 노동력의 급감을 가져왔고, 결국 인간을 대체할 것을 찾다가 발견한 것이 '기계'였다. 흑사병은 어찌 보면 유럽 문명을 기계 지향적으로 바꾼 원인이라고 할 수 있을 것이다. 이러한 변화는 르네상스의 시작을 부추겼다. 르네상스 당시 유럽인들은 신을 찬양한다는 명목으로 경쟁적으로 대규모 건축물을 건설했는데, 이때 교회 첨탑 자리에 매달려 있던 종이 시계로 대체되었다. 이때부터 시계는 더 이상 '때리는 것'이 아니라 '보는 것(워치Watch)'으로 바뀐다.

1309년 이탈리아 밀라노 산테우스토르조 교회를 시작으로 1324년 보베의 대성당, 1335년 밀라노 산고타르도 교회, 1340년 클뤼니 수도원, 1344년 파도바 광장, 1353년 제노바, 1356년 볼로냐, 1359년 샤르트르 대성당, 1362년 페라라, 1370년 파리 궁정에 공공 시계가 설치될 정도로, 당시 사람들은 자신들이 사는 곳에 대형 시계가 있는 것을 자랑스러워했다. 실제로 15세기 프랑스에서

| 그림 31 | 밀라노 산테우스토르조 교회 시계탑

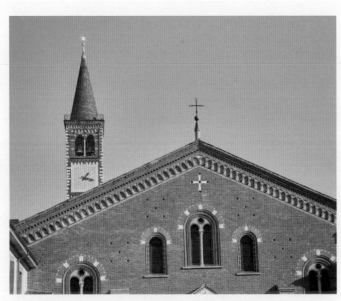

1309년 이탈리아 밀라노 산테우스토르조 교회를 시작으로 유럽 곳곳에 공공 대형 시계가 설치되었다.

도시를 빛낼 크고 훌륭한 시계를 놓고 다른 도시와 경쟁을 벌였다는 문헌 기록도 찾을 수 있다.

기계식 시계는 태엽의 원리로 탄성을 운동에너지로 바꾸는 것이다. 15세기 태엽이 발명되면서 대형 공공 시계는 크기를 줄일수 있었다. 교회가 독점하던 시간 정보가 대중에게 넘어가는 시발점이다. 이것은 집에서 흔히 볼 수 있는 소위 '뻐꾸기시계', 즉 회중시계로 발전했다. 1504년 독일의 시계 제작공 피터 헨라인Peter Henlein은 최초로 휴대용 시계를 발명했는데, 16세기 유럽 신흥 부유층의 사치품으로 자리 잡았다. 종교개혁을 계기로 교회가 독점하던 성경이 일반인에게 대중화되었듯, 신과 교회가 독점하던 시간이라는 정보가 대중에게 보편화되기 시작한 것이다.

당시 시계 제작은 첨단 산업이었고 산업의 핵심역량은 다수의 우수한 인적 자본이었다. 시계공은 상대적으로 높은 학력을 갖춘 인재였다. 그런데 이들은 독일 30년 전쟁과 프랑스 낭트 칙령 폐지로 종교적 박해를 피해 영국과 스위스로 대거 이주했다. 그 때문에 이탈리아, 독일, 프랑스 시계 산업은 몰락했고 영국, 스위스, 스웨덴은 새로운 산업 중심지가 됐다. 처음에 시계 제조업의 중심지는 독일 아우크스부르크와 뉘른베르크였는데, 30년 종교전쟁 이후 영국 런던과 스위스 제네바로 옮겨가게 됐다.

루터와 더불어 종교개혁을 주도했던 장 칼뱅은 1536년 《기독교 강요》라는 책을 내 가톨릭을 비판하며 교회의 권위에 도전했다. 칼

뱅은 이후 신변의 위협을 느껴 프랑스에서 스위스 제네바로 피신하고 그곳에서 목회 활동을 이어간다. 칼뱅의 사상은 금욕주의를 기초로 하기 때문에 귀금속 등 사치품 사용을 금지했는데 예배 시간과 일과를 위한 시계 사용은 예외로 두었다. 사치품 금지로 위기를 맞은 스위스 귀금속 업자들은 종교개혁이 촉발한 위그노전쟁을 피해 독일, 프랑스, 이탈리아 등지에서 피신 온 시계공들과 손잡고 시계 산업을 부흥시켰다.

산업혁명 이후 객관적인 시간의 측정과 정확성 확보는 '국력' 혹은 '돈'과 직결되는 문제였다. 이 때문에 많은 나라가 정확하게 시간을 측정하는 데 관심을 갖기 시작했다. 그 중심에 시각을 알려주고 시간을 계산할 수 있는 '시계'가 있었다. 시계는 산업혁명을 촉발했으며 산업혁명을 통한 기계문명 발달을 추동했다.

〈그림 32〉의 '시간의 정확도 증가 곡선'은 시대 변화에 따라 '시간 측정 정확도(세로축)'가 얼마나 변화했는지를 보여준다. 이를 통해 1300년대 유럽에서 시작한 이후 18세기 산업혁명 이전까지 지속적인 정확도 개선이 이뤄졌다는 사실을 확인할 수 있다. 산업혁명의 태동은 어쩌면 시계 산업의 발전과 맞물려 있다고 볼 수 있는 대목이다.

시계 산업은 기업이 '무엇을What'에서 '어떻게How'로 가야 가치가 높아진다는 것을 보여주는 대표적인 사례이다. 시계가 산업으로 발전하기 시작한 것은 20세기 들어서이다. 정확한 시계를 제작하

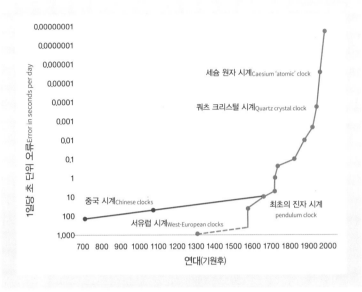

| 그림 32 | 시간의 정확도 증가 곡선

세슘 원자 시계Caesium 'atomic' clock

쿼츠 크리스털 시계Quartz crystal clock

중국 시계Chinese clocks

최초의 진자 시계
pendulum clock

서유럽 시계West-European clocks

연대(기원후)

출처: An exponential rate of change, 2010년 7월 10일

려는 연구는 20세기 초 전기의 발명과 압전소자(충격을 가하면 전기적 진동을 일으킨다)의 발견으로 한층 발전하게 된다. 1940년대부터 본격적으로 시작된 연구는 동력을 보다 작은 단위로 분배할 수 있는 음파, 쿼츠, 원자 등을 이용해 매우 정확한 시계를 만드는 데 이르렀다.

산업혁명 이후에도 시계 산업의 중심지는 여전히 스위스였다. 17세기 이후 스위스로 시계 산업의 중심이 이동한 후 변함이 없었다. 몇 대代를 걸쳐 가업으로 전승된 스위스 시계는 장인정신이 깃든 수작업과 기술의 결합체였다. 시계를 만드는 전체 공정이 평균 1년 넘게 걸렸으며 한 사람이 하루에 2~3개만 만들 수 있었다. 그래서 스위스 시계 산업은 작은 마을 단위의 영세 공장 수준이었고 가족 중심으로 이루어지는 경영 방식도 전근대적이었다. 하지만 이는 그만큼 최고의 품질과 가치를 지닌 제품을 만든다는 의미이기도 했다. 시계 산업의 핵심 가치와 경쟁력은 '정확성'을 위한 '정밀함'이었기 때문이다.

그러나 1930년대에 대대적인 공업화가 세계적으로 진행되면서 시계 산업도 대규모 생산 시설을 갖추고 대량생산에 돌입했다. 스위스 시계 회사들은 자발적인 연합 공동체를 만들기 시작했다. 1930년에는 오메가와 티쏘가 중심이 되어 시계산업스위스협회SSIH를 설립했고, 1931년에는 세르티나와 론진을 포함한 여러 시계 제조 업체가 스위스시계연합ASUAG을 창립했다. 스위스 시계 제조 회사들은 연합체를 구성해 몸집을 키워 살아남았으며 이후 스위스 시계 산업은 '시계=정밀하다=스위스 시계'라는 하우How 전략으로 시장의 신뢰를 얻었고 이를 통해 1970년대까지 수십 년간 입지를 공고히 했다.

'정밀 기계 가공업'이라는 하우 전략을 내세웠던 스위스 시계 산업은 '더욱더 정밀함'이라는 무기를 들고 등장한 쿼츠 파동quartz crisis으로 인해 격동의 시기를 맞았다. 1927년 벨 연구소에서 쿼츠 시계가 발명되면서 인류는 시간 정확도에서 새로운 시대를 맞는다. 퀴츠 시계는 전기를 가하면 떨리는 석영(퀴츠)의 성질을 이용하며 석영이 3만 2,768번 진동하는 시간을 1초로 환산한다. 일본의 세이코는 1969년 석영으로 자기장을 만들어 진동을 일으키는 퀴츠 시계를 개발하며 상업화에 성공했다. 초당 3만 회 이상 진동해 시간을 표시하는 퀴츠는 정확함에서 기계식을 압도했다. 퀴츠 시계는 하루에도 4~6초씩 오차가 생기는 기계식 시계와 달리 1년에 0.5초의 오차도 생기지 않았다.

세계 최초의 상용화 퀴츠 손목시계는 '퀴츠 아스트론'이었지만, 상품화는 1970년 5월 6일 해밀턴이 아날로그가 아닌 새로운 형태의 시계, '펄사'를 최초로 공개하면서부터였다. 해밀턴이 공개한 펄사는 세계 최초 LED 디스플레이 방식의 손목시계로, 손목시계 역사에 한 획을 그은 제품이었다.

제품 콘셉트의 모티브를 1968년에 개봉한 영화 〈2001: 스페이스 오디세이〉에서 따왔다고 밝히고 있는 펄사는 퀴츠 무브먼트를 탑재한 것뿐만 아니라 그 모양과 시간을 나타내는 디스플레이에 있어서도 미래 지향적인 디지털 방식을 채택함으로써 시장으로부터 엄청난 인기를 얻었을 것 같지만, 실제로는 해밀턴사를 망하게 하는 원인이 되었다.

세계 최초의 디지털 시계였던 펄사는 1970년에 첫선을 보였지만 고질적인 불량으로 인해 1972년까지 출시를 미루며 개선 작업을 해야 했다. 하지만 마침내 시장에 나왔을 때, 펄사의 가격은

| 그림 33 | 1972년에 출시된 해밀턴 전자시계

2,100달러였다. 시계 산업에서 이미 구닥다리가 된 핵심 가치 '정확함'과 '정밀함'에 함몰된 하이테크와 럭셔리가 합쳐진 콘셉트의 시계가 탄생한 것이다.

사람들은 펄사를 외면했다. 때마침 1975년에 텍사스인스트루먼츠TI사에서 20달러대의 디지털 손목시계를 발표했고, 곧이어 10달러대로 가격을 인하했다. 이로 인해 해밀턴사는 파산하고 세이코의 자회사로 흡수합병되었다.

기존 기계식 시계는 도태되었고 많은 제자사가 파산했다. 시계 기술자들도 뿔뿔이 흩어졌다. 신기술을 재빨리 도입해 변화에 적응하고 이를 토대로 유구한 전통과 노하우를 뚝심 있게 보존한 기업만이 살아남았다. 20세기 후반 시계 산업은 기계식과 전자식이라는 두 개의 동력으로 움직이는 '하우'가 '왓What'이 되면서 양분됐다.

무브먼트 방식에 방점을 뒀던 시계 산업은 쿼츠 파동으로 1970년대 일본 시계 회사들이 주도하게 된다. 쿼츠와 디지털의 결합으로 대량생산이 쉬워지면서 스위스 시계는 구식이 되었다. 그 결과 스위스 시계 산업은 1980년대에는 전 세계 시계 시장의 90%를 차지하는 손목시계 시장에서 겨우 10%대의 점유율을 기록하며 최악의 상황까지 치달았다. 명품 시계는 여전히 스위스산이 인기를 끌긴 했지만, 롤렉스를 제외하면 모두 파산 직전이었다. 특히 100년 전통의 오메가와 티쏘를 보유한 SSIH(시계산업스위스협회)와 미도와 론진을 보유한 ASUAG(스위스시계연합)는 순식간에 몰락했다.

1979년 ASUAG과 SSIH의 주 채권단인 스위스은행 등은 컨설팅 회사였던 하이에크엔지니어링Hayek Engineering에 자문하기에 이르렀다. 니콜라스 하이에크Nicolas Hayek가 이끌던 하이에크엔지니어링은 세계 시계 시장과 소비자를 조사해 보고서를 제출했다.

하이에크는 "분석 결과 다행인 점은 전 세계 소비자들은 스위스 시계가 일본 및 다른 나라 제품보다 더 좋으며 신뢰할 수 있는 브랜드로 인식하고 있었다"라고 보고한다. 그는 시계 산업은 저가, 중가, 고가의 3가지 제품군으로 구분할 수 있고, 전체 매출의 90%를 차지하는 저가 제품 시장을 공략하기 위해서는 값이 싸면서 갖고 싶을 만큼 매력적인 디자인에 가벼운 플라스틱 소재의 시계가 필요하다고 결론을 냈다. 하지만 스위스 시계의 고급스러운 이미지를 버릴 수 없다는 업계의 자존심은 이 보고서 결과와 하이에크의 주장을 받아들이지 않았다. 채권단은 ASUAG와 SSIH를 일본에 매각하는 방안을 검토했다. 이 소식을 들은 하이에크는 자신의 주장이 맞다는 것을 증명해내기 위해 투자자를 찾아 ASUAG와 SSIH의 주식 51%를 매수했다.

하이에크는 시계라는 '왓'을 기존과 다른 '하우'의 시각으로 바라봤다. 그리고 객관적 데이터가 입증하는 스위스 시계 브랜드에 대한 확신으로 직접 경영권을 장악해 시계 산업에 뛰어들었다. 1928년 베이루트에서 태어나 수리물리학과 보험통계학을 전공했던 하이에크는 이때부터 세계 시계 산업에 대한 놀랄 만한 통찰력으로 스와치Swatch 그룹의 부흥을 주도하기 시작했다.

아시아 시계 브랜드들의 가격경쟁력은 도저히 따라갈 수 없는 수준이었기에 이들과는 완전히 차별화된 경쟁력을 갖춰야 했다. 그가 생각한 시계 산업의 하우는 '디자인'이었다. 13세기부터 시작된 시계의 핵심 '하우'였던 '정밀함'과 '정확함'을 '패션'으로 변화시키면서 시계 산업의 새로운 전기를 마련한다.

당시만 해두 시계 가치의 척도는 정밀함을 기초로 한 '정확도'에 있었다. 하이에크는 시계 제작 기술이 평준화되면서 정확도는 더는 경쟁력을 가질 수 없다고 판단하고 디자인적 요소를 넣는 역발상을 한 것이다. 1983년 3월 하이에크는 스와치 시계를 처음 출시했

| 그림 34 | 닉 하이에크

다. 가격은 40달러. 저렴하지만 충격 방지 기능과 30m 방수 기능을 갖췄다.

당시 일본 쿼츠 시계는 70~80달러였다. 1987년 하이에크는 ASUAG와 SSIH를 합병했다. 리치몬드 그룹과 함께 시계 산업의 양대 산맥이 된 스와치 그룹의 시작이다. 하이에크는 2010년 죽기 전까지 열정적으로 스와치 그룹을 이끌었다. 스와치는 매년 계절 상품을 출시했다. 한 해 평균 300가지 모델을 선보였다. 트렌드를 반영한 컬렉션과 아티스트와의 협업 제품, 그리고 한정 제품으로 소비자를 유혹했다.

처음에는 판매망을 가진 기존 브랜드에서 출시하려 했으나 고

|그림 35 | 1983년에 스와치가 출시한 손목시계

급화 이미지에 흠집이 날 수 있다는 채권단들의 의견에 따라 '스와치'라는 독립적인 브랜드로 출시했다. 현대적인 디자인에 기존 브랜드들에서는 볼 수 없었던 다양한 색상의 시계를 내놨고, 출시 1년 만에 100만 개가 팔리는 기적이 일어났다. 이후에도 6주에 한 가지 이상 새로운 디자인의 시계를 출시해 '시계=패션 소품'이라는 새로운 정의를 부여하며 이를 소비자들에게 심어주었다.

히이에크는 단순하고 혁신적인 방법과 발상으로 스위스 시계는 고가에 무겁고 차가운 무채색이라는 고정관념을 버릴 수 있도록 화려한 색상을 가진, 가벼운 플라스틱 소재와 현대적인 디자인이 적용된 스와치로 전 세계 소비자의 시선을 사로잡았다. 스와치

Swatch라는 브랜드 네임은 스위스 시계의 고급스러운 명성을 이어 간다는 의미의 '스위스'와 '시계'의 합성어Swiss+watch이다.

스와치는 대량생산으로 저렴해진 가격에 대응하면서 스위스 시계의 고급스러움을 유지하기 위해 노력했다. 제조 방법에서도 혁신을 이루어내기 위해 부품 수를 90여 개에서 51개로 줄였고, 부품 조립 후 케이스에 끼워 맞추던 종전 방식을 개선해 케이스 안에 곧바로 부품을 조립해 넣었다. 이 같은 제조 공정 개선으로 스위스 시계의 고질적인 문제였던 원가의 상당 부분을 차지했던 높은 인건비를 절감시킬 수 있었다.

'정밀'과 '신뢰'라는 스위스 시계의 이미지를 상징하기 위해 아날로그처럼 바늘을 유지하고자 정밀공학과 몰딩 공정을 개발했고, 제조 공정도 기존 기계식의 정밀함을 지키면서 첨단 자동화를 도입하며 새롭게 바꿔나갔다. 또한 시계 유리를 포함한 모든 부품의 접합은 미세 나사가 아닌 초음파로 이루어져 결과적으로 스와치는 수리가 불가능한 시계가 되었지만, 오히려 이를 다른 시계와 차별화하는 새로운 마케팅 포인트로 활용해 소비자를 공략했다. 즉 소비자 입장에서 수리하는 것보다 새로 구입하는 게 더 저렴한 선택이라는 것이다.

대량생산으로 저렴해진 전자식 동력 시계들은 패션성이 강조된 모습으로 진화했다. 시계를 패션으로 만든 것이다. 판매 기간도 최장 1년으로 제한했다. 한 번 선보인 제품은 재생산하지 않는다. 의

류나 액세서리처럼 계절과 감성에 맞는 최신 디자인을 선보이기 위해서였다. 스와치 시계를 '똑딱거리는 패션'이라고 부르는 이유이다. 제품 출시를 앞두고 ASUAG 경영진과 하이에크는 단순히 좋은 시계를 넘어서는 가치가 필요하다고 느꼈다. 소비자가 부담 없이 갖고 싶으면서 예술품 같은 제품을 만들기로 결심했다.

　1983년 3월, 첫 제품 27가지를 출시했다. 남녀 공용의 단순한 디자인이었다. 같은 해 하반기에는 남녀를 구분해 출시했다. 이듬해부터는 시계에 제품 번호가 아닌 '돈트 비 투 레이트Don't be too late', '크로노테크Chrono-Tech', '니콜슨Nicholson', '블랙 매직Black Magic' 같은 고유 이름을 붙였다.

　하이에크는 브랜드 및 판매 전략에서 기존의 전통적인 방법과는 다른 길을 선택했다. 그는 과거 미국의 자동차 산업에서 GM이 저가·고임금의 T형 자동차 신화를 일군 포드에 맞서기 위해 저가의 시보레부터 최고급 캐딜락에 이르는 다양한 제품군을 출시했던 점에 착안했다. 하이에크는 GM의 브랜드 전략 개념을 도입, 고가 시계 시장에 치우쳐 있던 스와치 그룹의 브랜드 영역을 넓히는 첫 단계로 전 세계 시계 시장의 90%를 차지하고 있던 저가 시장에 뛰어들었다.

　그는 세계 시계 시장을 저·중·고가의 제품군으로 구분하고 브랜드별로 이를 피라미드 구조로 만들었다. 피라미드 구조의 가장 하단에는 '스와치'를 비롯해 75달러 미만의 저가 브랜드를 만들어 브랜드 장벽을 쌓고, 중단에는 '티쏘'를 포함한 400달러 정도의 중가 브랜드를, 상단에는 '오메가'를 포함한 100만 달러에 이르는 고가 브랜드를 포지셔닝하면서 브랜드 방어 전략과 수익화 전략을 동시에 구축했다. 마지막으로 케이크의 장식용 체리가 놓여 있는 맨 윗부분에는 초고가 브랜드인 '브레게Breguet'를 얹었다.

저가 제품들의 강력한 브랜드 파워를 통해 경쟁사의 시장 진입을 막고 하이엔드 제품의 이익을 보호하는 방어벽을 구축할 수 있

| 그림 36 | 스와치 그룹의 브랜드들과 전략

출처: 스와치 그룹

었다. 하이에크는 "세계 시장의 90% 이상을 차지하는 저가 시계를 장악하지 못하면 스위스 시계 산업의 미래는 없다"라고 강조했다. 만약 방어벽 브랜드 구축이 제대로 돼 있지 않으면 경쟁사들은 피라미드 하부에서 시장 진입의 기회를 얻을 수 있고, 나중에는 더 큰 이익을 획득하기 위해 피라미드 상단의 제품군까지 넘보게 된다. 한때 미국 자동차 회사들이 일본 기업들에게 자리를 내준 것도 이 같은 방화벽 구축에 실패했기 때문이다.

1980년대 초 2,000여 개의 모델이 있었던, 오메가로 대표되는 고가 브랜드 또한 대대적인 구조조정을 했다. 핵심 브랜드 위주로 제품 라인을 정리하면서 최종적으로 130개의 모델만 남겼다. 목표 고객층도 스포츠·예술·경영 등 전문직 최고급 인사로 정하고 이에 맞는 인물들을 모델로 활용해 예전의 명성을 되찾는 작업을 진행했다.

스와치는 알리스 프랭, 피카소, 키스 해링, 백남준 등 예술가는 물론 디자이너 비비안 웨스트우드와 협업해 예술품 같은 제품을 만들었다. 영화감독 구로자와 아키라, 페드로 알모도바르 등은 물론 유엔과 자동차 회사와도 손을 잡았다. 기계식 시계, 크로노그래프chronograph(극히 짧은 시간을 정밀히 측정·기록하는 장치), 다이빙 워치에 도전하며 정체성에도 제한을 두지 않았다.

스와치 그룹은 다양한 제품군을 보유한 것만큼 개성 넘치는 기업 문화로도 유명했다. 100만 달러가 넘는 초고가 제품을 만드는 블랑팡이나 오메가 임직원들은 늘 고급 정장을 차려입고 사회 저명인사들을 주로 만나며 영업하기 때문에 자연히 평균연령이 높은 반면, 100달러 이하의 저가 패션 시계를 만드는 스와치에는 10대 후반~20대 초반의 직원들이 캐주얼 복장으로 근무한다. 마케팅 전략도 제각각이어서 블랑팡이나 오메가는 제품이 출시되면 보통 2~3년 동안 모델을 바꾸지 않지만 스와치는 빠르면 3개월, 보통 반년에 한 번꼴로 새로운 모델을 쉴 새 없이 내놓았다.

1992년 전년 대비 64% 순이익 성장률이 그 증거였다. 이를 바탕으로 스와치 그룹은 1994년 유럽 시계 제조 업체 1위에 올라서면서 스위스 내 50개 공장과 440개에 달하는 세계 각지 생산·판매 조직을 보유한 글로벌 기업으로 부활하는 데 성공했다.

2010년 니콜라스 하이에크 스와치 그룹 회장이 82세의 나이로 세상을 떠나기 전까지 스와치 그룹은 브레게, 론진, 오메가 등 총 19개 브랜드를 거느린 세계 최대의 시계 그룹으로 성장했다. 연간 9억 대가 판매되며, 그해 55억 달러의 실적을 올렸다.

시계 산업의 또 다른 변화, 애플워치 출현

· ·

"요즘은 시계를 착용하지 않는 사람들이 많은데, 스마트워치 착용으로 손목이 적응하게 되면 이후 자연스럽게 좋은 시계에도 관심이 갈 것이다. 별로 걱정하지 않는다."

2015년 애플이 '애플워치1'을 발표하며 스마트워치 시장이 열리기 시작한 4월 바젤월드Baselworld에서 "스마트워치에 대해 어떻게 생각하는가? 위협이 될 것이라 생각하는가?"라는 질문에 대한 파텍필립의 티에리 스턴Thierry Stern, 반클리프아펠의 니콜라 보스 Nicolas Bos, 티쏘의 프랑수아 티에보François Thiébaud 등 각 시계 브랜드 대표들의 답변이었다.

1970년대 전자시계가 출현했을 때 스위스 시계 관계자들과 비슷

| 그림 37 | 스위스 시계의 연도별 매출 추이

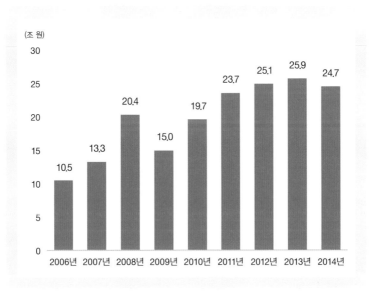

출처: KB투자증권

한 반응이었다. 시계 산업의 하우가 바뀌고 있었다. 시계 산업은 기계식과 쿼츠 방식으로 대표되는 '정확도'라는 동력 중심의 '하우'에서 '시계는 패션'이라는 새로운 규칙으로 변하고 30년이 지난 시점에 출현한 새로운 '하우'를 애써 무시하고 싶었을 것이다. 그도 그럴 것이 기계식 시계 시장은 1990년대에 기지개를 켜고 2000년대에 눈부신 성장을 거듭했다. 2007년 미국 서브프라임 모기지 부실 사태로 인한 리먼브라더스 파산을 기점으로 확산된 사태 탓에 타격을 받긴 했지만 스위스의 경우 2010년 이후 수출액이 증가했고 2013년에는 시계 업계 역사상 최고의 매출을 달성했다. 하지만 그때까지였다.

시계 산업은 구동 방식으로는 기계식, 쿼츠 방식, 스마트워치라는 3파전이 시작된 것처럼 보였지만 시장의 하우는 '패션'에서 '패션+건강+편리함'으로 이전하고 있었다. 스위스 시계(손목시계 기준) 수출량은 2013년 2,800만 대에 달했지만 2019년엔 2,100만 대 수준으로 감소했다. 반면 애플워치는 처음 시장에 출시된 2015년에는 1,200만 대에 그쳤지만, 2018년에 이미 스위스 수출량과 비슷한 수준으로 증가했고 2019년에는 36% 증가한 약 3,100만 대로 스위스 시계 수출량을 30% 이상 앞질렀다(〈그림 38〉 참조).

2021년 애플의 시계 시장 점유율은 스위스 시계 산업 전체를 큰 격차로 앞질렀으며 애플워치는 1억 대가 판매되며 역사적으로 전 세계에서 가장 많이 팔린 시계가 되었다.

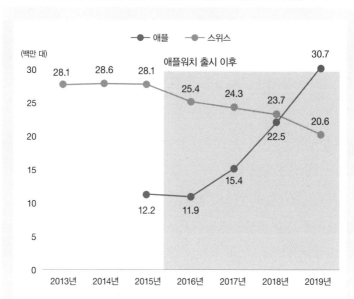

| 그림 38 | 스위스 손목시계 수출량과 애플 스마트워치 판매량 추이

출처: 애플워치의 2015~2017년 데이터는 Statistca, 2018~2019년 데이터는 Strategy Analysis 기준. 스위스 손목시계의 데이터는 스위스 정부 기준

　기존 전통 시계들은 다음 세대에 물려줄 수 있다는 걸 강조했고, 특히 500~1,000만 원 이상의 하이엔드 제품은 시계 시장의 성장을 견인하고 있었다. 스위스시계산업협회Federation of the Swiss Watch Industry의 통계에 따르면, 스위스 시계 수출액은 최정점을 찍었던 2013년 이후 주춤하며 감소세로 접어들다가 2016년 이후 재상승하는 듯했지만 여세는 오래가지 않았다. 2017년, 시계 업계 최대 규모 행사인 바젤월드는 탄생 100회를 축하했지만 아이러니하

게도 그때부터 참여 브랜드와 관람객이 급감하기 시작했다. 기존 1,500여 개 참여 업체가 600여 곳으로 줄어들었을 정도이다. 가장 큰 부분을 차지했던 스와치 그룹도 돌연 불참을 선언했고, 2019년에는 '타임 투 무브Time to Move'라는 별도의 행사가 진행되기도 했다.

스마트워치는 처음에는 중저가 시계 시장만의 위협인 것처럼 보였다. 시장조사 업체 딜로이트는 〈2015 스위스 시계 산업 보고서〉에서 "스마트워치 시장이 진화하면서 점점 패션 액세서리처럼 돼가고 있으며 기술 친화력이 떨어지는 고객에게 어필하고 있다"라며 "이로 인해 1,500스위스프랑(약 225만 원) 미만 가격 시계가 가장 큰 위협을 받고 있다"라고 지적했다.

고객을 스마트폰에 뺏긴 전통 시계 기업들은 위기감 속에서 스마트워치 제품을 출시했다. 모바도, 태그호이어, 스와치 등은 IT 기업, 금융사와 제휴해 다양한 기능을 갖춘 스마트워치를 내놓았지만 시장의 잠식을 막을 수는 없었다.

전통 시계 기업들은 진정한 시계는 기계의 정밀함과 우아한 디자인이 조화를 이룬 형태와 기능의 완벽한 결합이라고 강조한다. 전문가들도 전통 시계의 입지는 쉽사리 무너지지 않을 것이라 예상하고 있다. 실제 2019년까지의 통계를 보면 2013년 2,000만 대에 달했던 전자시계는 2019년 1,300만 대 수준으로 2013년 대비 36% 감소한 반면, 기계식 시계는 2013년 750만 대에서 2019년

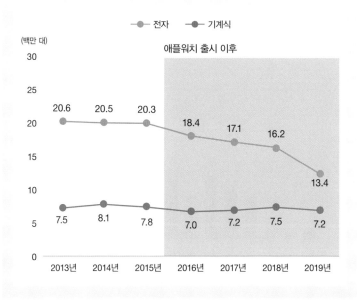

| 그림 39 | 스위스 타입별 시계 수출량 추이

전자 　 기계식

(백만 대)

애플워치 출시 이후

출처: Data from Swiss FSWI

720만 대로 3% 감소에 그쳤다.

기존 시계 산업의 '하우'로 작동됐던 '정확도'와 '패션', 그리고 하이엔드 시계의 전유물이었던 '액세서리'에 이어 '건강Health'이라는 가치까지 더한 스마트워치가 시장을 장악해가고 있었다. '손목시계는 고급 액세서리'라는 본질에 집중해 접근했던 것이다. 애플워치엔 용두crown(태엽을 감거나 시각을 맞추는 용도로 사용되는 튀어나온 버튼)가 장착됐는데, 용두는 스위스 명품 시계 브랜드 '롤렉스'가

| 그림 40 | 글로벌 스마트워치 출하량

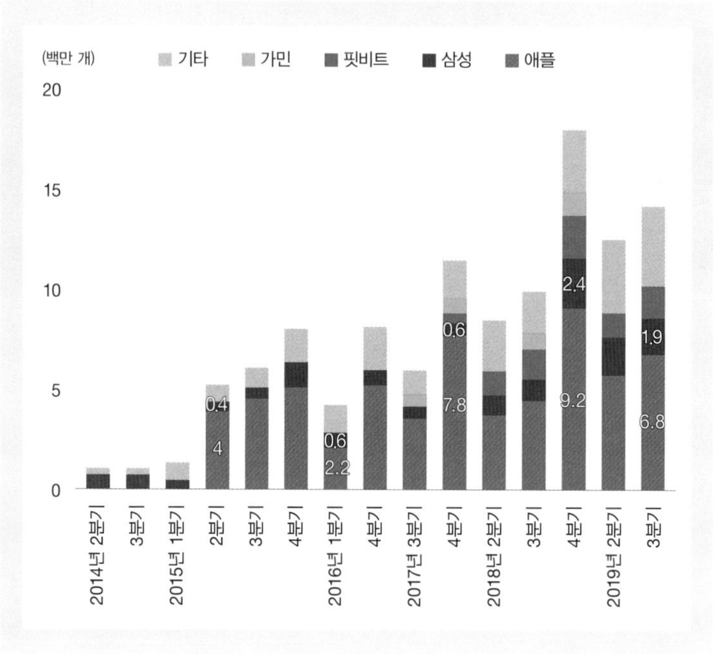

출처: 스트래티지애널리틱스SA

1926년에 처음 적용한 장치이다. '디지털 용두'는 실용적일 뿐 아니라 애플워치를 그럴싸한 손목시계처럼 보이게 만들었다.

2016년 9월 선보인 2세대 애플워치에는 50m 방수 기능과 걷기, 운동하기, 서기 등을 감지할 수 있는 '활동 앱'이 탑재됐다. 이듬해 엔 애플워치 운영체제(watchOS 4) 업데이트에 짐킷GymKit(피트니스 기구를 사용해 운동한 결과를 애플워치에 연동시키는 기능)'을 넣었다. '그 럴듯한 손목시계 대체품'이 '건강 관리에 유용한 제품'으로 진화하

| 그림 41 | 애플워치 광고의 한 장면

는 순간이었다.

2018년 출시된 4세대 애플워치에 이르자 수요가 폭발하기 시작했다. 한 해 동안 2,250만 대가 팔려나갔다. 넷스케이프 설립자 마크 안드레센Marc Andreessen이 말한 '제품-마켓 핏Product-Market Fit(제품과 시장이 맞아떨어져 빠르게 팔려나가는 시점)'에 도달한 것이다. 화면 면적이 30% 늘어나 보기 편해진 데다 넘어짐 감지, 심전도ECG 측정 기능 등 헬스케어 성능이 대폭 향상됐고, 애플워치가 심방세동Atrial fibrillation 증상을 알려줘 생명을 구했다는 사례가 줄을 이으며 판매량을 더욱 증가시켰다.

코로나19라는 뜻밖의 이슈는 스마트워치 시장이 커지는 데 더욱 중요한 계기가 되었다. 전 세계 사람들의 건강에 대한 관심이 극대화되었고, 비대면으로 인해 사람들을 만날 수 없는 상황에서 스스로 건강 관리 및 점검을 해야 한다는 의식이 보편화되는 시점에 스마트워치가 눈에 들어오기 시작한 것이다. 코로나19 팬데믹으로 비대면 건강 관리 트렌드가 각광을 받으면서 관련 기능을 강화한 스마트워치 시장이 급속도로 성장했다.

명품 시계 시장마저 스마트워치에 '손목'을 내주고 있었다. 기존의 시계가 정확함과 패션 아이템으로 성장했지만 스마트워치는 이 두 가지에 각종 편의 기능을 탑재하고 있을 뿐 아니라 패션 아이템에서도 스마트하게 인식되며 10~30대는 물론 40~60대 소비자까지 끌어모으면서 저가뿐만이 아닌 중간 가격대 명품 시계 시장을 빠르게 잠식해갔다.

최근에는 고가 명품 시계들이 긴장하고 있다. 아직은 예물 수요 등에 힘입어 시장에서 영향력을 유지하고 있지만, 스마트워치로의 시장 재편에 대응하기 위한 새 전략이 필요한 시점이다. '명품 중 명품'으로 불리는 에르메스가 2015년 애플과 손잡고 애플워치 에르메스 에디션을 내놓은 게 대표적인 위협 사례이다. 이렇듯 스마트워치의 입김이 세지자 위기의식을 느낀 태그호이어, 몽블랑 등 전통 강자들도 스마트워치 모델을 내놓으며 시장에 뛰어들었지만, 스마트워치 시장의 성장만 촉진시킬 뿐이었다. 2019년에 출시된 5세대 모델에는 스마트폰 없이 애플워치만으로도 긴급 구조 요청을 보낼 수 있는 기능이 추가됐다.

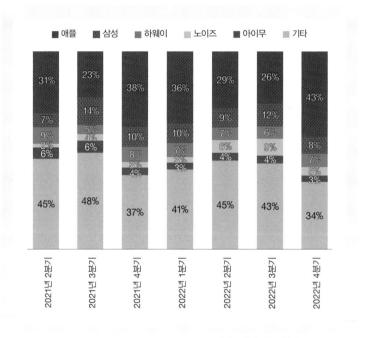

| 그림 42 | 글로벌 스마트워치 출하량 시장 점유율(2021년 2분기~2022년 4분기)

■ 애플 ■ 삼성 ■ 하웨이 노이즈 ■ 아이무 기타

출처: 카운터포인트리서치|Counterpoint Research

스마트워치가 손목시계와 다른 점은 대개 하나의 브랜드에 정착한다는 점이다. 주로 자신이 쓰는 스마트폰 브랜드가 시계 브랜드로 연결된다는 점에서 스마트폰 시장을 점령하는 자가 결국 시계 시장 장악에 유리한 고지를 차지할 가능성이 크다.

현재는 애플이 스마트워치 시장에서 압도적 1위를 달리고 있다. 하지만 스마트폰 시장에서 애플은 1등이 아니다. 아이폰 사용자에게 애플워치는 구매의 당위성을 갖지만, 타사 스마트폰 사용자에게는 그 당위성이 확보되지 않는다. 애플이 아닌 다른 스마트워치도 급속도로 발전하고 있기 때문에 이 수치는 앞으로 얼마든지 변동될 여지가 있다.

'왓'이 아니라
'하우'가 있는 기업 찾기

• •

이러한 혁신들은 주로 전통적으로 우리 삶과 오랫동안 함께한 제품이나 서비스에서 발생한다. 주로 제품이나 프로세스 혁신의 결과물로 나타난다. 제품 혁신에는 새롭거나 개선된 제품 또는 서비스 개발이 포함된다. 여기에는 기능, 특징, 디자인, 성능 또는 패키징의 혁신이 포함될 수 있다. 사람들의 니즈를 충족하고 문제를 해결하거나 새롭고 바람직한 제품을 소개함으로써 고객을 위한 가치를 창출하는 것을 목표로 한다.

대표적인 예로는 다이슨의 혁신일 것이다. 청소기라는 친숙하고 오래된 제품 시장에서 먼지 봉투 없는 청소기를 만들겠다는 집념으로 5,127번 실패한 후 만든 시제품이 다이슨이다. 1993년 작은 창고에서 출발한 다이슨은 전체 직원 1만 4,000명 중 절반가량이 엔지니어인 '기술 기업'이다. 청소기, 선풍기, 헤어드라이어 등 고가 가전 분야에서 두각을 나타내온 다이슨은 이제 농업, 의학으로 보폭을 넓히고 있다.

프로세스 혁신은 조직 내 내부 프로세스의 효율성, 효과성 또는 품질을 개선하는 데 중점을 둔다. 여기에는 워크플로, 기술 및 시스템을 재고하고 재설계하여 운영을 간소화하고 비용을 절감하며 생산성을 향상하거나 제품 또는 서비스 제공을 개선하는 것이 포함된다. 프로세스 혁신은 종종 운영 효율성과 경쟁우위 향상으로 이어지는데, 대표적인 예로는 쿠팡의 새벽배송이나 마켓컬리의 신선식품 배송 등이 해당할 것이다.

5장

숫자보다는
스토리가 탄탄한 기업인가

제임스 프리먼James Freeman은 프리랜스 클라리넷 연주자로 UC 버클리 예술대에서 클라리넷을 전공하고 순회 연주 여행을 했다. 20년쯤 연주자 생활을 해왔던 그는 1999년 무렵 칼 오르프Carl Orff 의 〈카르미나 부라나Carmina Burana〉와 더불어 그를 끊임없이 괴롭혔던 구스타프 홀스트Gustav Holst의 〈더 플래닛The Planets〉이라는 곡을 6개월 동안 3개의 다른 오케스트라와 3번이나 연주해야 하는 곤욕을 치르면서 자신의 직업에 의문을 갖는다. 그 당시를 그는 "한 번만 더 연주하라고 했다면 나는 미쳐 날뛰며 클라리넷으로 주변에 있는 사람들을 후려칠 것 같다는 생각을 했다. 정말로 내게는 플랜B가 절실했다. 음악에 대해 진절머리가 났던 당시 내 머리에는 온통 커피 생각뿐이었다"라고 회고할 정도였다.

커피 업계의 애플, 블루보틀

· ·

미국 전역을 돌며 공연하는 것은 너무 힘들었다. 그에게서 피로
와 스트레스를 단번에 날려주는 구세주는 직접 볶은 커피콩으로
만든 커피였다. 프리먼은 연주 여행을 할 때도 직접 볶은 커피콩과
작은 프렌치 프레스를 들고 다니며 승무원에게 뜨거운 물을 부탁
해 그 자리에서 커피를 만들어 마실 정도로 커피 마니아였다.

그는 자신의 즐거움을 많은 이와 나누고 싶었다. 2002년 8월 제
임스 프리먼은 자신의 아파트에서 가까운 곳에 있는 17㎡(약 5평)
의 창고에서 블루보틀 커피를 창업했다. 블루보틀은 유럽 최초의
커피 하우스 이름이었다. 말이 사업이지 직접 원두를 볶고 그것을
직접 판매하는 장사에 불과했다.

처음에는 다른 곳과 차별화하기 위해 로스팅한 커피를 24시간
안에 가정으로 배달하는 사업 모델을 구상했다. 그는 마치 완벽한
곡을 연주하기 위해 연습하듯 세상에서 가장 좋은 커피 맛을 내기
위해 생두를 구입하는 것부터 로스팅과 추출에 이르는 모든 과정
에서 완벽을 추구했다. 한 번에 3kg도 안 되는 적은 양만 겨우 볶
을 수 있는 로스팅기를 놓고 커피 가게를 열었다. 일반 전문점이 원
두를 지나치게 태운다고 생각했던 그는 녹색 원두를 구입해 260℃
에서 직접 로스팅했다. 당시 샌프란시스코에는 원두 로스팅 날짜
가 새겨진 원두를 판매하는 곳은 없었고 그 누구도 신경 쓰지 않

왔다.

그는 손수레에 직접 만든 커피 추출기를 싣고 근처 농산물 직거래 장터인 파머스 마켓으로 나갔다. 주문을 받는 즉시 커피콩 60g을 정확하게 저울에 달고 고집스럽고 정성스럽게 갈았다. 94℃에 맞춘 물에 한 잔 한 잔 공을 들여 핸드드립 커피를 내렸다. 커피 업계의 '애플'이 된 블루보틀은 이렇게 시작됐다.

프리먼의 첫 가게는 2005년 1월 23일에 문을 열었다. 샌프란시스코 린덴 거리의 헤이즈밸리Hayes Valley에 있는 키오스크였다. 그

| 그림 43 | 제임스 프리먼과 첫 시작인 로스팅 기계

곳은 아직도 거기에 있다. 그날 프리먼팀은 300달러 정도를 벌었으며, 그것이 잘될지 확신할 수 없는 몇 달의 시간이 있었다. 프리먼팀은 주문받은 모든 음료를 만들었고, 그것은 그 당시 샌프란시스코에서 얻을 수 있었던 것과는 매우 달랐다.

당시는 스타벅스가 미국에서 최고 인기를 얻던 시기였다. 시작했을 때 여러 가지 고민이 많았다. '패스트푸드 같은 커피에 익숙해진 사람 중에 커피가 내려지는 20분가량을 군소리 없이 기다리는 고객이 얼마나 될까? 처음에는 호기심에 방문했다가 결국 외면하는 것은 아닐까?'

커피를 주문하면 몇 분 만에 나오는 것에 익숙해 있던 사람들은 그를 미쳤다고 했다. 하지만 프리먼의 커피를 한 번 맛본 사람은 다시 찾았다. 시간이 지나면서 그의 손수레 앞엔 사람들이 길게 줄을 서기 시작했다. 록그룹 U2의 리드보컬인 보노Bono 등 유명 인사들도 단골이 됐다. 블루보틀은 입소문을 타며 갈수록 인기가 높아졌다.

그 후 샌프란시스코 헤이즈밸리에 첫 번째 매장이 생긴 것을 기점으로 샌프란시스코, 뉴욕, 로스앤젤레스, 일본 도쿄 등에 모두 50여 개의 매장이 운영되었다. 2017년에는 네슬레Nestle가 5억 달러(약 5,600억 원)로 블루보틀 지분 68%를 인수했다.

투자자들은 프리먼의 고집스러운 장인정신만큼이나 짧은 역사보다 긴 서사敍事가 있는 스토리에도 주목했다. 실리콘밸리 투자자

| 그림 44 | 제임스 프리먼 블루보틀 창업자

출처: 블루보틀

들도 관심을 갖기 시작했다. 구글벤처스, 트루벤처스, 모건스탠리, 피델리티 등의 투자가 이어졌다. 트위터 공동창업자 에번 윌리엄스 Evan Williams와 CEO 잭 도시Jack Dorsey, 인스타그램 창업자 케빈 시스트롬Kevin Systrom 등 내로라하는 정보기술 업계 거물들도 투자자로 참여했다. 성공한 IT 기업 창업자에게서 볼 수 있는 완벽주의와 세부 사항에 대한 집착이 프리먼에게 있다는 것이다.

〈뉴욕타임스〉는 "스타벅스가 커피 업계의 마이크로소프트라면, 블루보틀은 애플이라 할 수 있다"며 "블루보틀이 커피 산업에 '제3의 물결'을 일으켰다"고 평가했다. 1970년대 이전 인스턴트커피가 몰고 온 제1의 물결, 스타벅스가 중심이 된 제2의 물결에 이어서

| 그림 45 | 커피 업계 제1~3의 물결

구분	시기	주요 기업	특징
제1의 물결	1·2차 세계대전	네슬레	전쟁으로 커피 소비 증가, 인스턴트 커피 주류
제2의 물결	1970~1980년대	스타벅스	에스프레소 머신 활용한 빠른 제조, 프랜차이즈 등장
제3의 물결	1990~2000년대	블루보틀	스페셜티 커피 주류, 환경·지속가능성 추구

현재의 로스터리 커피점이 주도하고 있는 제3의 물결을 블루보틀이 이끌고 있다는 것이다. 블루보틀이 애플과 비교되는 이유는 몇 시간씩 줄을 서는 소비자의 충성도와 더불어 '새로운 경험과 문화를 판다'는 이미지가 닮았기 때문이다. '문화가 있는 느림의 혁신'이 성공하기 위해서는 반드시 필요한 것이 단순함과 탄탄한 서사적 스토리이다.

블루보틀 커피는 1971년 시애틀에서 창업한 스타벅스보다 31년 더 늦은 2002년에 창업했지만, 스타벅스보다 더 오래된 스토리를 스스로 자랑하고 있다. 오스트리아 빈의 '커피 영웅' 게오르그 콜쉬츠키Georg Kolschitzky(1640~1694)가 유럽의 중부지역에서 처음으로 열었던 커피 하우스 '블루보틀'을 계승하고 있다는 것을 강조하고 있다. '블루보틀' 스토리는 319년 만의 부활이었다. 실제 블루보틀 커피의 서사가 되는 콜쉬츠키 이야기는 블루보틀 커피 홈페이지 '회사 소개Our Story'의 3분의 2를 차지하고 있다.

| 그림 46 | 300년을 이어오는 커피

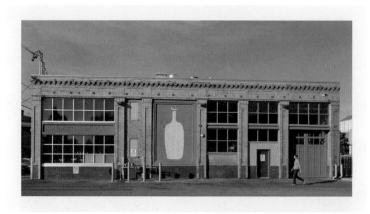

출처: 블루보틀

게오르그 콜쉬츠키는 1640년에 폴란드-리투아니아 연합에 속했던 지금의 우크라이나 삼비르Sambir에서 태어났다. 1645년 이탈리아의 베네치아에, 1650년 영국의 옥스퍼드에 커피 하우스가 문을 열었던 무렵으로 유럽에 커피 문화가 도입되던 시기였다.

17세기 이슬람 세계의 지배자 오스만튀르크 제국은 동방을 제패하고 헝가리를 점령한 다음, 오스트리아를 노렸다. 1683년에는 무스타파 파샤가 이끄는 튀르키예 30만 대군이 오스트리아를 침공하며 빈 전투가 시작됐다. 빈은 간신히 두 달을 버텼지만 튀르키예군의 맹렬한 공격과 외부와의 고립으로 항복 직전까지 몰렸다. 오스트리아군은 수적 열세로 동맹군의 도움이 절실했지만, 포위망을 뚫고 외부로 나갈 수가 없었다.

| 그림 47 | 파란 병 커피 하우스

출처: wikipedia.org

　게오르그 콜쉬츠키는 튀르키예군 복장을 하고, 튀르키예 민요
를 흥얼거리며 포위망을 유유히 빠져나가 동맹군에게 구원 요청
을 했고, 마침내 튀르키예군을 물리치는 데 결정적인 역할을 했다.
빈 전투에서 승리했을 때, 베네치아시에서는 그에게 상금과 함께
특별한 선물로 튀르키예군에게서 노획한 엄청난 양의 커피 원두
를 선사했다. 그는 이것으로 커피 하우스, '파란 병 아래의 집Hof zur
Blauen Flasche, 즉 The Blue Bottle'을 열었다. 그는 항상 튀르키예군 복장
으로 손님을 맞았는데, 그의 커피 하우스는 언제나 사람들로 붐볐
다고 한다.

스토리의 힘

· ·

이야기는 문화의 중요한 측면이다. 수많은 예술과 문학이 이야기를 담고 있으며, 실제로 인문학 대부분은 이야기와 관련 있다(Stories are an important aspect of culture. Many works of art and most works of literature tell stories; indeed, most of the humanities involve stories).

- 오언 플래너건Owen Flanagan, 듀크대학교 교수

기업의 가치를 단순한 숫자로만 표현하기에는 분명 한계가 있다. 냉철한 이성과 차가운 숫자가 기업의 가치를 평가할 것 같지만, 서사적 스토리를 가진 사람이 매력적이듯이 기업의 세계에서도 스토리의 힘은 강력하고 그 기업을 매력적으로 만든다. 행동경제학의 석학인 예일대학교 로버트 쉴러Robert Shiller 교수 역시 스토리의 힘에 주목했다. 그는 최근 사람들이 비트코인에 열광한 이유는 "고루한 관료주의자들의 반대편에 있는 멋지고 근사해 보이는 대도시 젊은이들에 관한 이야기"가 그 밑바탕에 깔려 있기 때문이라고 주장한다.

기업 가치 평가의 대가이자 뉴욕대학교 스턴경영대학원 재무학 교수인 애스워드 다모다란Aswath Damodaran은 숫자로만 평가한 기업의 가치는 반쪽짜리에 불과하고 이에 기반한 투자 의사결정 또한 한계를 지닐 수밖에 없다고 말한다.

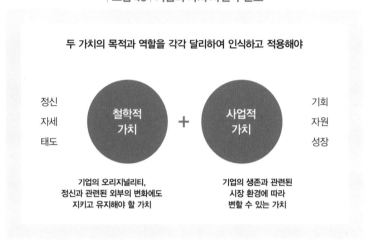

| 그림 48 | 기업의 가치 자산 구분도

두 가치의 목적과 역할을 각각 달리하여 인식하고 적용해야

정신
자세
태도

철학적 가치

+

사업적 가치

기회
자원
성장

기업의 오리지널리티,
정신과 관련된 외부의 변화에도
지키고 유지해야 할 가치

기업의 생존과 관련된
시장 환경에 따라
변할 수 있는 가치

　기업이 가진 서사적 스토리는 그 기업이 지켜온 근본정신과 철학적 가치를 담고 있다. 이는 훼손되지도 않으며, 기술이나 서비스처럼 쉽게 모방할 수 없는 고유한 자산이다. 그와는 달리 혁신적으로 만들어낸 사업적 가치는 기업의 생존과 성장을 위해 계속해서 발전시켜가야 한다. 빠르게 변하는 세상에서 변하지 않는 가치를 발견하고 지키는 동시에 변해야 한다.

　외형과 숫자가 아닌 미래의 성장 서사가 곧 기업 가치인 시대가 도래하고 있다. 상품 자체의 기능적 속성이나 가격 차별성만으로 고객들이 구매하던 시대는 지났다. 고객이 처한 상황에 따라 느낌이 더 좋거나 더 다양한 경험을 제공하는 기업이나 브랜드를 선호하는 시대이다. 상품의 품질이 다양한 서비스 경험을 통해 만들

| 그림 49 | 성장 서사가 곧 기업 가치인 시대

어진다고 보았을 때 상품이나 기업이 가진 독특한 스토리의 중요
성은 더욱 커질 것이다. 기본적으로 완벽한 제조와 좋은 디자인을
감안하더라도 분명 고가인 특정한 제품군이 꾸준히 잘 팔리는 이
유이다. 그런 제품들을 판매하는 기업의 가치를 평가할 때도 마찬
가지이다. 자기자본비율, 영업이익, 주가순익비율 등 여러 가지 평
가지표가 있지만, 기업이 가진 탄탄한 '스토리'의 힘에도 주목해야
한다.

사람들은 물건을 사거나 서비스를 구매할 때, 심지어 음악을 들
을 때도 서사가 담긴 것을 선호한다. 스토리는 비전과 세계관 등
특정 관점이나 가치관을 담아낸 강력한 서사적 이야기로 사람들
의 감성을 기반으로 한다.

이런 스토리는 사람들의 무의식 속에 자리 잡고 결국은 팬덤을
형성하게 된다. 따라서 브랜딩이나 마케팅에서 스토리를 잘 활용
하는 기업은 열렬한 팬을 확보하는 것은 물론, 매출 증대 효과까지

누릴 수 있다. 제품의 기능이나 성능만 홍보하는 A 기업에 비해 제품에 긍정적 서사를 입히고 그 서사 안에서 소비자들이 놀게 하는 B 기업이 우위를 점하는 시대이다.

블루보틀의 성공이 모두 스토리의 힘만으로 이뤄진 것은 아니지만, 블루보틀의 주요한 경쟁력이 스토리에 기반한 감싱 서비스에 있는 것은 분명하다. 스토리는 사람들과의 소통을 만들어내고 소통은 강력한 '팬덤'을 형성한다. "성공의 시작은 1,000명의 사람을 지극히 행복하게 만드는 것"이라고 과학기술 문화 잡지 〈와이어드Wired〉를 창간한 케빈 켈리Kevin Kelly는 강조했다. 프린스턴대학교에서 '기업가 정신'을 강의하는 팀 페리스Tim Ferriss는 최정상에 오른 거인, '타이탄'들의 성공 노하우를 모은 《타이탄의 도구들》에서 17번째 타이탄으로 케빈 켈리를 뽑았다.

'고객을 열광하는 팬으로 만드는 것'은 비즈니스 세계에서 선택이 아닌 필수 전략이 됐다. 팬덤의 지속성 여부는 생존을 가르는 기준이 되었다. 블루보틀이 스타벅스의 특징이나 가격 혜택과 승부했다면 과연 성공할 수 있었을까? 차별화가 유용성이나 가격에 있는 제품과 서비스는 분명 한계를 갖는다. 다른 곳에서 좀 더 유용한 제품이나 서비스를 더 저렴한 가격에 제공한다면 사람들은 바로 떠나버린다. '고객 만족'으로 붙들어둘 수 없다.

테슬라는 우수한 자동차 디자인과 전기자동차의 세련된 이미지를 잘 살린 인테리어와 내부 시스템, 자율주행 브랜드 이미지를 살려 기존 자동차 회사를 능가하는 높은 충성도의 팬덤을 구축하고 있었기 때문에 뒤늦게 뛰어든 자동차 시장에서 안착할 수 있었다. 소비자 신용 분석 기업 익스피리언Experian에 따르면 테슬라에 대한 브랜드 충성도는 74.7%로 모든 자동차 기업보다 높았으며, 테슬라 소유주의 80%는 기존 차량을 처분한 뒤에도 다시 테슬라 차량을 구매한 것으로 나타났다. 테슬라가 다른 전기차 업체와 달리 '완전 자율주행FSD'이라는 미래를 강조하는 것도 스토리를 통한 팬덤을 만들기 위한 것이다. 우주 산업인 '스페이스X'와 뇌와 컴퓨터를 결합하는 뇌 연구 산업인 '뉴럴링크Neuralink'까지 연결해 미래와 연결된 감성 스토리를 키운다.

비전과 세계관 등 특정 관점이나 가치관을 담아낸 강력한 서사로, 감성을 기반으로 하는 스토리를 '내러티브narrative'라고 한다. '방탄소년단BTS' '뉴진스' 등 K팝에서 쉽게 접할 수 있는 '세계관'도 내러티브 전략 중 하나이다. 이처럼 사람들은 물건뿐만 아니라 음악을 소비할 때도 서사가 있는 스토리를 고려한다. 아무리 작은 브랜드, 작은 회사라고 해도 우리만의 서사가 있는지가 중요하다. 이는 팬이 만들어지기 위한 전제 조건이다.

2020년 〈포브스〉가 선정한 가장 영향력 있는 최고 마케팅 책임자 중 한 명인 애나 안델릭Ana Andjelic은 브랜드 내러티브의 활용이 최근 20년의 마케팅 산업에서 가장 흥미로운 트렌드라고 언급하면서, 공감을 일으키는 내러티브가 소비자의 행동을 끌어낼 수 있다고 강조한다.

내러티브 전략은 최근 20년 동안 마케팅 산업에서 일어난 가장 흥미로운 일입니다. 소비자는 이제 제품이 아닌 서사를 사죠. 탄탄한 브랜드 서사는 그 브랜드가 핵심 경쟁우위를 점하고 높은 가격을 호령할 수 있게 하는 보증서 역할을 합니다. 애플과 테슬라, 샤넬, 구찌, 파타고니아, 디즈니 모두 영감을 주는 이야기를 들려주고 우리를 그들의 세계로 안내합니다.

- 브랜드 마케팅 전문가 애나 안델릭. <이코노미조선>과의 인터뷰 중에서

'이 친구들이 어떤 그룹으로 보이는 게 장기적으로 좋을까'라는 고민을 하기 시작하면 아티스트의 단기적인 방향보다는 첫 번째 음반은 이랬으면 좋겠고, 두 번째 음반은 이랬으면 좋겠다는 '장기적인 내러티브 구축'의 필요성이 느껴진다. 이를 토대로 그들의 최종 목표까지의 일관성 있는 구성을 생각하기 시작했다.

- 뉴진스를 기획한 민희진 대표, tvn 〈유퀴즈온더블럭〉 133화 중에서

세계적인 걸그룹 뉴진스를 기획한 민희진 대표는 단순하게 하나의 음반이나 그룹의 콘셉트가 아니라 걸그룹의 장기적인 내러티브를 처음부터 기획하고 하나부터 열까지 그 기획 안에 녹여내야 한다고 강조했다.

필자는 BTS가 소속된 빅히트엔터테인먼트(현 하이브)가 상장되던 2020년 10월, CNN과의 인터뷰에서 두 가지를 강조한 바 있다. 첫 번째는 "한국에서 엔터 산업이 자본시장에서 하나의 섹터로 자리 잡을 수 있을까"라는 질문에 "충분히 하나의 섹터로 될 것"이라고 답했다(하이브 상장 전 한국의 엔터 3사의 시가총액은 SM엔터테인먼트 7,500억 원, JYP엔터테인먼트 1조 2,000억 원, YG엔터테인먼트 8,000억 원으로 시가총액 합계가 3조 원이 채 되지 않았다). 그런데 하이브는 상장과 동시에 8조 원 이상의 시가총액을 보였다. 두 번째는 BTS의 흥행 이유와 이 흥행이 지속적인 이유가 무엇인지에 대한 질문이었는데 '내러티브'라고 말했다. 즉 BTS의 내러티브가 '찐팬'인 '아미Army'를 만들었고 이들이 이전과 다른 엔터테인먼트 플랫폼을 구축했기 때문이라고 답했다.

2020년 10월 상장한 빅히트엔터테인먼트는 1년 후인 2021년 사명을 '하이브HYBE'로 바꾸고, 종합 IT 플랫폼 기업으로의 변신을 선언했다. 회사 창립 후 16년 만에 사명에서 '엔터테인먼트'를 빼면서, 기존 음악 중심의 사업 구조를 콘텐츠와 IT 서비스, 유통으로

| 그림 50 | 하이브의 연도별 사업 영역 확장도

2020년	• 미국 라이브 스트리밍 솔루션 기업 '키스위'와 합작법인 설립
2021년	• 네이버 인터넷 동영상 플랫폼 '브이라이브' 인수 • 미국 대형 레이블 '이타카 홀딩스' 인수
2022년	• 업비트 운영사 '두나무'와 가수 IP 활용한 NFT 사업

출처: 하이브

까지 확장하겠다는 의지를 표명한 것이다. 이러한 확장 배경에는 '아미'라는 슈퍼 팬덤이 있다. 기업이 이러한 '슈퍼 팬덤 플랫폼'에 주목해야 하는 이유는 제품이나 서비스가 가진 본원적 가치 이상의 새로운 가치를 창출하는 원동력이 되기 때문이다.

사실 BTS와 같은 아이돌 그룹은 우리나라에 매우 많다. 춤과 노래는 물론이고 외모까지 가수란 본원적 가치에서 뭐 하나 빠지지 않는 아이돌 그룹이 넘쳐난다. 그런데 유독 BTS가 글로벌 팬덤을 형성하며 성장할 수 있었던 것은 BTS가 가진 내러티브 때문이다. 청춘, 자아, 사랑, 관계, 사회를 주제로 자신만의 구체적인 내러티브를 담아내며 세계관을 창조하는 BTS의 음악에서 현대 철학의 정신을 발견한다. 돈, 인정, 욕망, 부정의, 젠더 등 우리를 얽매고 길들이는 강요와 구속을 깨고 날아오르도록 하는 '자유' 정신의 내러티브는 아미라는 강력한 팬덤을 유지하는 원동력이었다.

아미는 단순히 BTS를 좋아하고 추종하는 것에서 한발 더 나아가 BTS와 세계를 연결하는 연결자 역할을 통해 BTS를 성장시켰으며 지금도 유지시키는 힘을 발휘한다. BTS의 모든 멤버가 병역 이행에 돌입한 2022년 이후 1년이 지난 2023년 글로벌 음악 시장에서 이례적 현상이 벌어졌다. 10년 전 곡이 전 세계 아이튠즈 '톱 송' 1위를 휩쓸더니 미국 빌보드 주요 차트 상위권에 올랐다. 유튜브에 공개된 뮤직비디오는 전월 대비 20% 이상 조회 수가 급증하며 빠르게 2억 뷰를 달성했다. 2013년 공개된 방탄소년단의 데뷔

곡 〈No More Dream〉이 전 세계 아이튠즈 톱송 차트(2023년 12월 13~15일)에서 1위를 기록했다. 이것은 BTS 공백기에 대한 아쉬움과 2025년 완전체 활동을 향한 팬들의 기다림이 한데 모인 결과일 것이다. 이러한 '역주행' 배경에는 BTS의 시작부터 위기와 역경을 극복하기까지의 서사와 새로운 장chapter을 고대하는 아미의 진심이 있다.

고객은 점점 더 브랜드와 제품에 녹아들어 있는 서사에 그들의 지갑을 열 것이다. 미디어 환경이 더욱 파편화하고 수요자 중심이 된 것도 한몫한다. 애플의 내러티브 마케팅이 좋은 예이다. 애플은 인간의 창의성을 중심으로 브랜드 서사를 구축했다. 그 결과 최신 제품으로 업그레이드하기 위해 여전히 애플 스토어 앞에 줄을 서는 열성적인 팬 커뮤니티가 생겼다. 내러티브 마케팅을 효과적으로 구사하려면 사회와 문화에 관한 이해를 밑바탕 삼아 시대정신을 포착해야 한다. 시대정신을 이해하는 건 모든 브랜드에 있어서 매우 중요하다.

나이키는 '드림 크레이지'의 광고에서 "모든 걸 희생해야 할지라도 무언가를 믿어라Believe in something. Even if it means sacrificing everything"라는 메시지를 던졌다. 이렇듯 묵직한 저항정신은 브랜드 가치를 소비자들에게 더 강하고 효과적으로 전달한다. 전기차와 우주 탐사를 통해 혁신 문화를 조성하는 테슬라의 내러티브도 인상 깊다. 테슬라는 우주 발사체를 쏘아 올려 우주 프로그램을 진행하고 있으며, '완전 자율주행'의 약속을 꾸준히 이행하고 있다. 테슬라의 내러티브 전략은 구체적인 '실행'으로 나타나고 있다. 이런 믿을 수 있고 일관적인 행동은 소비자의 호응을 끌어낸다. 샤넬, 구찌, 애플, 에르메스, 파타고니아, 디즈니 등도 모두 영감을 주는 이야기를 들려주고, 우리를 그들의 세계로 초대한다.

서사적 스토리가 있는 기업 찾기

· ·

기술과 기능이 상향 평준화될수록 브랜드에 대한 팬덤의 필요성이 갈수록 커질 것이다. 팬덤을 보유한 브랜드는 경쟁사에 비해 제품이나 가격 경쟁력이 다소 떨어져도 유리한 입지를 차지할 수 있고 무엇보다 지속 가능한 매출을 만들 수 있기 때문이다. 브랜드 세계관을 반영한 굿즈를 팔거나 신사업에 진출해 부가적인 수익을 창출할 수도 있다. 일례로 강력한 팬덤을 보유한 스타벅스의 경우, 굿즈 매출이 전체 매출의 약 10%를 차지한다.

팬덤의 핵심은 서사가 있는 세계관의 형성이다. 구찌가 '구찌 레스토랑'을 열고 구찌 버거를 팔고, 루이비통이 '루이비통 레스토랑'을 열어 루이비통 꽃비빔밥을 파는 것도 이러한 맥락이다. 각각 구찌다운, 루이비통스러운 삶을 구체적으로 보여주기 위한 '쇼룸'이라 할 수 있다. 스웨덴 가구 회사 이케아도 '이케아스러운' 가치 전하기에 한창이다. 비건 요리를 파는 카페에 이어 최근 대형 천막집을 선보이고 있다. 단순히 브랜드 세계관을 보여주는 쇼룸에 그치지 않는다. 공통되고 일관된 세계관을 바탕으로 신사업에 도전하는 기업을 찾아야 한다.

이러한 기업을 찾기 위해서는 소위 MZ세대들의 움직임을 면밀하게 관찰하는 것이 중요하다. 서사가 담긴 허구의 이異세계를 구축하고 마치 SF나 판타지 영화를 보듯, 구체적으로 스토리텔링하는 것도 최근 세계관 마케팅의 새로운 흐름이다. 이런 도전에 나선 기업과 브랜드는 매우 많다. 다만 대부분 일회성으로 그치고 만다. 시대정신을 담고 있으며 영속적인 서사 구조의 브랜드를 구축하고 있느냐를 구분하는 것이 중요하다.

6장

중장기 투자의 조건 6

획일성보다는
다양성이 뛰어난 기업인가

2009년 8월 28일, 캘리포니아 고속도로 순찰대 소속 마크 세일러Mark Saylor는 수리 중인 패밀리카 대신 딜러로부터 빌린 신형 렉서스 ES350을 타고 캘리포니아 샌디에이고 부근 고속도로를 달렸다. 부인, 딸, 사위와 함께였다. 그런데 시속 80마일(약 130㎞)로 달리던 중 갑자기 속력이 100마일(약 160㎞)까지 치솟았다. 차는 속도 제어 불능 상태에서 다른 차와 충돌한 후 계곡으로 떨어졌다. 차량에 불까지 나 결국 4명 모두 숨졌다. 이 비극적인 사건은 시속 100마일 이상의 속도에서 세일러 가족이 응급 신고 전화 911에 남긴 급박한 목소리가 2010년 초 미국 TV 방송에 공개되면서 세상에 알려졌다. 마크 세일러가 캘리포니아주 고속도로 순찰대의 베테랑 경찰관이었음에도 자신의 가족을 제어 불능이 된 자동차로부

터 지킬 수 없었다면, 누구도 안전할 수 없다는 사실에 미국 사회
는 더 큰 충격을 받았다.

도요타의 리콜 사태

• •

도요타 측은 사고에 대한 책임을 고객 과실로 돌리다 현지 언론
에 문제가 불거지자, "운전석에 깔려 있던 매트가 (결함에 의해) 움
직이다가 엑셀러레이터에 끼어서 가속이 된 문제"였고, "해당 모델
및 매트에 결함이 있는 차량에 한해 매트를 교환해주겠다"고 발표
했다. 이어서 10월, 해당 결함 모델이 포함된 380만 대의 차량 리
콜 계획을 내놓았다. 하지만 그 상황에서도 차체에는 결함이 없으
며, 미국 도로교통안전국NHTSA도 이에 동의했다고 주장했다. 매트
의 결함도 어마어마한 문제이고 당연히 출시 전에 검토해봐야 하
는 일이었지만 매트 하나만 교체하면 되는 문제여서 이때까지만
해도 이 사건은 이렇게 일단락되나 싶었다.

그러나 2009년 11월 5일, 미국 도로교통안전국은 이 주장을 전
면 부인하고 도요타가 적절한 해결책을 내놓지 않을 경우 이 사건
의 조사는 끝나지 않을 것이라고 발표했다. 더불어 도로교통안전
국의 조사에 의하면 사고 차량과 동일한 모델의 운전자 중 10%가
급가속 폭주를 경험했고, 바닥 매트 없이도 급가속 폭주 사례가

| 그림 51 | 도요타의 '페달 게이트' 사태를 설명한 만평

출처: syndikam.com

계속해 보고되고 있었다.

결국 도요타는 2010년 1월부터 일시적으로 문제가 된 모델들에 대해 미국 내 판매 중지를 선언했다. 이어 미국-중국-유럽 등전 세계에서 리콜 조치를 발표하기에 이른다. 총 리콜 차량 대수가 1,000만 대에 달하는 어마어마한 규모였다. 흔히 말하는 '페달 게이트', '도요타 리콜 사태'의 시작이었다.

가속페달 결함 문제의 심각성은 리콜 자체가 아니라 리콜이 확대되는 '과정'에 있었다. 도요타가 처음에는 결함 가능성을 부인하다가 조사 당국과 언론에 의해 구체적 결함이 알려진 뒤에야 떠밀려 조치를 이행한 인상을 주었기 때문이다. 그 결과 2010년 미국을 시작으로 전 세계에서 도요타 차량 1,000만 대의 리콜이 이뤄졌다. 도요타 창사 이래 최대 위기였다.

2010년 2월 24일, 미국 하원 청문회에 출석한 도요타 아키오 최고경영자는 떨리는 목소리로 사과문을 읽어 내려갔다. 그의 눈엔 눈물이 그렁그렁 고였다. 애써 참은 눈물은 청문회 후 마주한 직원들 앞에서 터져 나왔다. 아키오 CEO는 도요타 창업주인 도요타 기이치로의 손자로 1984년 도요타에 입사해 제품 개발·마케팅·생산 부문 등에 고루 몸담았다가 사고 두 달 전인 2009년 6월 창업주 가문 출신으로는 14년 만에 회사 경영을 맡았다.

유달리 품질과 정확성을 자랑하는 일본에서 어떻게 이와 같은 불명예스런 리콜 사태가 벌어졌을까? 2008년 GM을 제치고 세계 1위 완성차 업체에 오르는 과정에서 양적 성장과 비용 절감에 치중하다가 발생한 구조적인 원인이라는 측면도 있지만, 순혈주의를 고집하는 도요타 경영 체제에도 문제가 있었다.

당시 도요타 이사는 총 29명인데 모두가 도요타에서 수십 년 동안 충성스럽게 근무하다 승진한 순혈 출신의 일본인들이라는 것이다. 외국인 이사는 물론 여성과 사외이사도 없었다. 이미 1년 전부터 가속페달 문제가 제기됐음에도 이에 대한 대책을 제시하지 못한 것은 바로 이처럼 이사회 구성에 다양성이 없었기 때문이다. 순혈주의純血主義는 자문화 중심주의의 극치이다. 자민족의 순수한

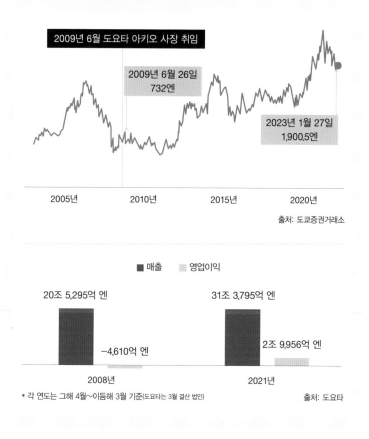

| 그림 52 | 도요타 자동차의 주가와 실적 추이(도요타 아키오 회장 취임 전후)

2009년 6월 도요타 아키오 사장 취임

2009년 6월 26일
732엔

2023년 1월 27일
1,900.5엔

2005년   2010년   2015년   2020년

출처: 도쿄증권거래소

■ 매출   ■ 영업이익

20조 5,295억 엔   31조 3,795억 엔

−4,610억 엔   2조 9,956억 엔

2008년   2021년

* 각 연도는 그해 4월~이듬해 3월 기준(도요타는 3월 결산 법인)   출처: 도요타

혈통민을 인정하고 이방인의 피가 섞인 혈통은 배척하는 극단적
고립주의이다.

아키오는 뼈를 깎는 자구 노력을 했다. 이사회 규모를 절반으로
줄여 순차적으로 단계를 거쳐야 하는 기존 의사결정 과정을 대폭

단축했다. 예전에 업무 담당과 지역 담당 등 책임자가 여러 갈래로 나뉜 탓에 현장 보고가 상충부로 전달되는 과정에서 정보가 왜곡되고 속도가 늦어졌다는 분석 때문이다. 또 홍보 부서를 사장 직속으로 바꿔 고객과의 커뮤니케이션이 최고경영진 판단으로 이뤄지도록 했다. 대량 리콜 사건 때 "기술적 문제가 없다"라는 엔지니어들 말만 믿고 대응을 미뤘다가 사태를 키운 실수를 반복하지 않기 위해서였다.

무엇보다 큰 변화는 순혈주의의 타파였다. 2012년 제품 총괄을 맡은 가토 부사장은 특수차량 전문 자회사로 좌천됐다가 복귀했고, 2011년부터 도요타 디자인을 총괄했던 후쿠이치 상무는 유럽 지사 등 해외를 전전했다. 도요타에서는 본사를 벗어나면 승진에서 밀린다는 룰이 있었지만, 아키오 사장은 이런 순혈주의를 깨고 조직에서 가장 일 잘하는 인재를 발탁해 전권을 맡겼다.

결국 도요타는 위기를 딛고 다시 일어섰다. 이후 도요타는 아키오 사장의 리더십 아래 빠르게 위기를 극복했고, 2020년 도요타는 세계 자동차 판매 대수 1위를 탈환하고, 2022년까지 3년 연속 1위 자리를 유지했다. 2021회계연도(2021년 4월~2022년 3월)에는 사상 최대 실적을 거뒀다. 매출액은 1년 전보다 15.3% 증가한 31조 3,795억 엔(약 298조 1,053억 원), 영업이익은 36.3% 늘어난 2조 9,956억 엔(약 28조 4,582억 원)을 달성했다. 도요타 아키오는 14년간 도요타의 수장 자리를 지키다 2023년 4월 사토 코지 사장에게

CEO 자리를 물려줄 때까지 도요타를 변화시켰다.

기업 경영의 '순혈주의'에 대한 일본에서의 해묵은 논쟁은 도요타의 대규모 리콜 사태가 발생하기 이전인 2000년대 초반부터 일어났다. 디지털카메라 등 광학 기기 전문 제조 업체인 일본 올림푸스가 경영의 세계화를 내걸고 야심적으로 발탁했던 외국인 최고경영자를 영입한 지 불과 6개월 만에 '문화 충돌'을 이유로 내쫓았기 때문이다.

순혈주의를 고집하다
몰락의 길을 걸은 GE

• •

2018년 10월 1일(현지 시각) 미국의 대표 기업 제너럴일렉트릭GE 이사회는 CEO 존 플래너리John Flannery를 단 14개월 만에 경질하고, 55세인 로런스 컬프Lawrence Culp Jr. 전 다나허Danaher CEO를 새 CEO 겸 회장으로 전격 선임했다. 126년 전통의 GE가 외부 출신 CEO를 발탁한 것은 처음이었다. GE에는 인재 양성의 산실인 '크로톤빌Ltrotonville'이 있었다. 이곳에서 5년 이상 면밀히 검증하는 '후계자 양성 프로그램'은 GE의 상징이기도 했다. 그런 점에서 외부 출신 CEO 영입은 몰락하는 GE의 절박함을 단적으로 보여주는 사건이었다. GE 이사회는 회사 내부 관료주의를 느린 구조조

| 그림 53 | GE의 현재와 과거 CEO

큰 사진은 최근 CEO로 선임된 로런스 컬프. 위에서부터 시계 방향으로 잭 웰치, 존 플래너리, 제프리 이멜트

출처: AP 연합뉴스, 블룸버그

정의 원인으로 보고 외부인을 차기 CEO로 뽑았다. 전임 CEO였던 플래너리는 그해 4월 컬프뿐만 아니라 행동주의 펀드 트라이언 매니지먼트의 에드 가든Ed Garden 공동 설립자, 토머스 호튼Thomas Horton 전 아메리칸에어 CEO 등을 참여시키는 등 이사회를 대대적으로 개편했었다. 결국 스스로 개편한 이사회에 의해 본인이 퇴출되었다.

플래너리는 GE의 부활을 위해 회사의 치부를 공개하고 구조조정을 추진했다. 최고재무책임자CFO 등 사내이사 절반을 교체한 데 이어 기업 문화를 송두리째 바꾸겠다고 공언했다. 수송과 헬스케어, 조명 부문 등 200억 달러 규모의 자산을 매각하거나 분사하도록 하면서 주력 사업을 항공, 발전, 재생에너지라는 3대 사업 위주로 재편하겠다는 계획도 내놨다.

162

| 그림 54 | 존 플래너리 CEO 재임 기간 중 GE의 추락

(달러)

행동주의 펀드 트라이언 CIO가
GE 이사로 선임
10월 9일

주주 배당금 절반으로 삭감
11월 13일

기업 분할, 사업부 매각 검토 선언
2018년 1월 16일

다우존스지수에서 퇴출
6월 19일

존 플래너리 CEO 취임
2017년 8월 1일

존 플래너리 CEO 해임, 래리 컬프 선임
주가 12.09달러

2017년 1월   2017년 7월   2018년 1월   2018년 7월

출처: 톰슨로이터Thomson Reuters

하지만 구조조정이 지연되면서 이렇다 할 반전을 끌어내지 못
했다. 그룹 해체에 가까운 구조조정을 추진하려 했지만, 안팎에서
비관론만 득세했다. GE 주가는 2017년에만 45% 하락한 데 이어
2018년에도 약 35% 떨어졌다. 한때 5,000억 달러였던 시가총액은
5분의 1인 1,000억 달러 아래로 떨어졌다. 2018년 6월에 111년 만
에 다우지수 구성 종목에서 퇴출됐다. 신용평가사 스탠더드앤드푸
어스s&P는 GE의 신용등급을 종전 'A'에서 'BBB⁺'로 강등했다. 정
크 등급에서 겨우 두 계단 위였다. 적자로 인해 주주 배당을 절반

으로 줄였고 급기야는 배당 중단설이 나돌기 시작했다.

경영 사관학교로 불리는 크로톤빌 연수원을 통해 내부인을 키워 경영자로 임명하던 전통을 버리고 126년 만에 외부인인 컬프 CEO를 택한 것은 구조 개혁이 관료주의에 막혀 내부인에 의해선 제대로 이뤄지지 않을 것이란 이사회 판단에 따른 것이었다. 14개월 만의 CEO 경질 배경에는 GE 내부의 순혈주의와 관료주의를 뿌리 뽑겠다는 의도가 자리 잡고 있었다. 수십 년간 GE는 '경영학 교과서'로 불렸고 잭 웰치Jack Welch 전 회장은 '경영의 신'이란 찬사까지 들었다. 하지만 잭 웰치 20년, 제프리 이멜트Jeffrey Immelt 16년 등 내부 출신 CEO가 장기 재임을 하다 보니 '할 말을 할 수 없는' 기업 문화가 형성됐다.

GE의 이러한 몰락은 40년 전에 '관료주의' 척결을 기치로 경영 혁신을 이끌었던 잭 웰치 성공의 역설이다. 1981년 GE의 최연소 CEO로 등극해 GE를 세계 최고 기업으로 만든 잭 웰치 회장은 이렇게 말했다.

거대 기업에는 이것저것 다 하고 싶어 하는(그들은 모든 것을 다 한다) 관료주의에 젖은 사람들로 가득 차 있다. 그러나 이제 우리 회사에는 홀로 자신의 성공과 결과에 대해 책임지는 사람들이 많다. (중략) 거대한 관료조직에서는 훌륭해 보이는 사람도 혼자 남겨지면 바보처럼 보이는 경우가 있다.

순혈주의를 바탕에 둔 '관료주의'를 척결하기 위해 밝힌 각오였다. GE의 8대 회장으로 잭 웰치가 처음 CEO로 발탁됐을 때 GE는 덩치만 클 뿐 산만하기 짝이 없었고 국제적 경쟁 환경과 기술 변화에는 등을 돌리고 있었다. 1970년대를 기점으로 진행했던 GE의 사업 다각화는 힘을 쓰지 못하며 판매 실적 감소세로 접어들었고, 자연스레 주가 및 기업 신뢰도 하락이 이어졌다. 당시 대부분 미국 기업은 일본 기업보다 가격·속도·품질 면에서 모두 뒤처졌다. 더구나 GE는 미국 원자력 발전소 사건 중 하나인 쓰리 마일 아일랜드 사건Three Mile Island Accident에 따른 여론 악화로 발전기 수주에 어려움을 겪었다.

잭 웰치가 CEO가 되던 당시 75년 된 완고한 구시대 산업체였던 GE의 경영 승계팀이 레지널드 존스Reginald Jones 당시 회장에게 후계자 후보 약 30명 명단을 넘겨주었을 때만 해도 박사 출신인 젊은 잭 웰치의 이름은 아예 후보자에 포함돼 있지도 않았다. 존스 전 회장은 "그만큼 웰치는 전형적인 GE 사람과는 거리가 멀었다"라고 회고했다. 그는 기업 내부에서는 일종의 '내놓은' 사람이었다. 잭 웰치는 기성 기업 문화에 대한 일종의 반항아였다.

잭 웰치는 GE에서 핵심 사업부가 아닌 화학개발부에서 일하고 있었다. 12년 동안 웰치를 수하에 두고 있었던 루벤거토프 전 사장은 당시 잭 웰치가 일했던 기업 환경이 "그린베레 특공대에 가까웠으며, 인질 구조대 같은 생각으로 꽉 찬 사람들로 숨 막히는 분

위기였다"라고 묘사했다. 창의력과 창조 정신과는 거리가 멀었고, 형식과 상명하달의 군대식 문화가 판치는 혁신이 일어나기 어려운 비능률의 전형이었다.

당시 GE의 직원들은 '평생직장'의 덫에 빠져 있었다. 평생직장의 보호를 받길 원했다. 당시 일본이 미국 경제를 위협하며 승승장구 하던 비결이 평생직장에 있다고 착각한 탓으로 추측된다.

하지만 잭 웰치의 생각은 정반대였고, 모든 경영의 목표를 '생존' 에 뒀다. 웰치는 "모든 계층은 나쁜 계층이다. 매우 빠른 속도로 변화하고 있어서 이를 컨트롤하는 것은 장애 요소가 되고 있다. 그것은 일을 더디게 만든다"라며 직원들의 무사안일주의를 무참히 깨뜨리기 시작했다. 그는 기업 곳곳에 묻어 있는 관료주의 때를 닦아내고 처방전을 만들어 틀 속에 안주해 있는 기업에 혁신의 방향을 제시했다.

그의 첫 번째 작업은 GE 내에 팽배해 있었던 순혈주의로 만들어진 관료주의 조직 문화의 타파였다. 만성적 관료주의가 팽배한 기업의 조직 문화 청산 없이는 세계 최고 기업을 만들 수 없다고 생각한 그가 주안점으로 둔 것은 제품 개발이나 개별적 방향 설정이 아닌 기업 문화 수술, 즉 사람들 자체를 바꾸는 본질적인 작업이었다. 그의 관료주의 타파와 구조조정은 혹독했다. 무려 350개에 달하는 사업 단위가 구조조정 대상이 됐다. 무려 35%의 인원 감축이 단행됐다. 5년간 11만 명 이상의 직원이 GE를 떠나야 했고,

그는 매체로부터 '중성자탄 잭Neutron Jack'이라는 별명을 얻게 됐다. 건물은 그대로 둔 채 사람만 모두 물갈이하는 강도 높은 구조조정을 진행했기 때문이다. 반대 여론이 상당했지만, 그는 꿋꿋하게 구조조정을 진행해나갔다.

동시에 1등 혹은 2등 전략을 구사했다. 핵심core, 첨단 기술high tech, 서비스service가 미래라는 청사진도 제시했다. 핵심 사업을 중심으로 기술 집약 사업과 금융·방송 등 서비스 사업이 뭉쳐지면 큰 이익을 창출할 수 있다는 생각에서였다. 이 구상 안에 없는 사업이라면 바로 퇴출 대상이 됐다.

이 전략을 17년간 꾸준히 일관성 있게 추진한 결과, GE는 엄청난 성장을 이루는 데 성공했다. 1998년 매출액 1,000억 달러(순수익 100억 달러)를 기록했으며 2000년에는 매출액 1,300억 달러(순수익 127억 달러)를 달성했다. 이 중 40% 이상이 미국이 아닌 해외에서 발생했을 정도였다.

'중성자탄 잭'이라는 별명과 달리 그는 투자나 인재 발굴에도 적극적이었다. 무엇보다 관료주의를 혐오했기에 재임한 20년간 GE 내 모든 관료주의를 타파하는 데 노력을 기울였다. 그렇게 해서 탄생한 게 '벽 없는 조직'이다. 관리자들은 이 개념을 이해하고 있는지, 잘 실행하고 있는지를 평가받았으며, 결과에 따라 승진과 급여 등 인사고과에 반영했다. 의사결정과 지식전달을 위한 구조를 과거 8~9단계에서 3~4단계로 과감히 줄이기도 했다. 그리고 직원에

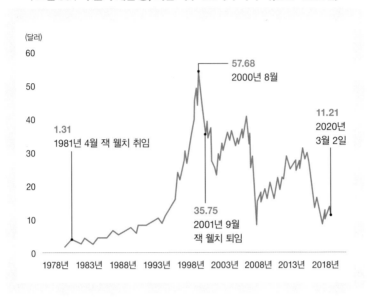

| 그림 55 | 잭 웰치 재임 중, 퇴임 이후 GE의 주가 추이(1981~2020년)

(달러)

57.68
2000년 8월

11.21
2020년
3월 2일

1.31
1981년 4월 잭 웰치 취임

35.75
2001년 9월
잭 웰치 퇴임

1978년 1983년 1988년 1993년 1998년 2003년 2008년 2013년 2018년

출처: CNBC

게 권한과 임무를 부여했다.

그는 기업의 성공은 전 사원을 어떻게 경영에 참여시키느냐에
달려 있다고 강조했다. '솔직하게 터놓고 얘기할 수 있는 조직 풍토'
가 중요하다는 것이다. 이것이 업무 처리 속도를 높여 분초를 다투
는 현대 경영에서 살아남는 길이라고 역설했다. 최근에 유행처럼
번지고 있는 기업의 '다양성과 포용성diversity and inclusion' 전략을
당시에 실천하고 있었다.

잭 웰치가 퇴임할 무렵인 2001년 말 GE의 회사 가치는 4,500억
달러에 달했다. 이는 1981년 회장으로 부임할 당시의 120억 달

러보다 40배나 증가한 수치로 당시 세계 1위였다. 그는 아름다운 퇴장으로도 존경을 받았다. 21세기가 되자 미련 없이 2001년 9월, 45세의 제프리 이멜트에게 회장 자리를 물려주었다. 그리고 2021년 자신이 세운 신화인 GE가 몰락하고 사실상 해체되는 것을 보고 84세의 나이로 세상을 떠났다.

GE가 다우존스 지수 종목에서 퇴출된 2018년 이후 산업이나 기업 규모와 상관없이 다양성을 조직의 핵심 가치와 EVPEmployee Value Proposition(직원 가치 제안)로 내세우는 기업들이 늘어나기 시작했다. 이유는 간단하다. 순혈주의보다는 다양성이 있는 조직이 조직 성과가 높아지고, 인재들이 일하고 싶어 하기 때문이다.

단순한 생각으로 우리는 다양성이 혁신을 촉발한다는 것을 알고 있다. 어떤 조직이 공통점이 많은 동질적인 사람들로 구성되면, 소위 집단사고(자기만족, 정체, 심지어 퇴보로 이어질 수 있는 의견의 동일성)의 리스크가 있다. 이런 동질성은 도전 과제에 탄력적으로 대응하는 기업의 능력에도 방해가 된다.

이러한 가설이 사실이라는 것이 최근 다양한 데이터를 통해 증명되고 있다. 전 세계 1,700개 이상의 기업을 대상으로 한 BCG 연구 조사[1]에 따르면 다양성은 기업의 아이디어와 의견의 범위를 화

---

1 Miki Tsusaka, Matt Krentz, and Martin Reeves (2019). "The Business Imperative of Diversity", BCG, June 20, 2019.

| 그림 56 | 지난 10년간 성별 다양성에 대한 진전이 거의 없었다(2009~2018년)

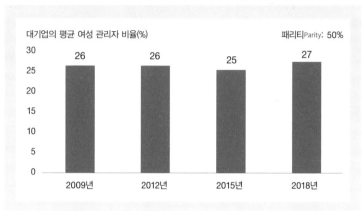

대기업의 평균 여성 관리자 비율(%)　　　　　　　　　패리티Parity: 50%

주: 성별 다양성 데이터를 보고하는 매출 100억 달러 또는 시가총액 200억 달러 이상의 글로벌 상장 기업 포함.
출처: 로이터, BCG 헨더슨 인스티튜트

대함으로써 혁신 역량을 증대시키고 이는 재무 실적 향상으로 이어진다. 또한 BCG 헨더슨 인스티튜트BCG Henderson Institute의 최근 조사에 따르면, 예를 들어 성의 다양성은 미래 성장과 상관관계가 있을 뿐 아니라 미래 성장을 예측하는 요소임이 입증됐다.

　다양하고 포용적인 조직은 문제 해결에 있어서 틀에 박히지 않은 유연한 해결책을 도출하고 더 많은 아이디어를 제안함으로써 성공적인 상품과 서비스를 개발하고 장기적으로 더 높은 성장률을 보일 확률이 더 높다. 지속 가능한 장기적인 성장과 좋은 성과의 중요한 인자가 된다. 그뿐만 아니라 총 경제 성장률이 하락하는 글로벌한 환경에서, 혁신은 개별 기업이 성장하기 위한 필수적인 동력이 된다.

사회 공동체적인 동질성을 가진 순혈주의와 다양성이 기업의 의사결정에 어떤 영향을 미치는가에 대해서는 다양한 연구가 있었다. 대표적인 연구는 동질적인 사회 정체성을 가진 구성원으로 이루어진 팀의 경우 팀 내 의사소통, 의제에 대한 신속한 합의와 실행 등의 장점이 있을 수 있으나, 동시에 해당 팀의 외부 정보, 자원 등에 대한 접근성은 감소하는 단점을 가진다. 해당 연구는 팀 구성원들의 성별, 학력, 회사 근속 연수 등의 사회 정체성 다양성이 높을수록 팀 외부로의 사회 연결망 다양성이 높으며 팀 성과도 높다는 것을 보여주었다.[2]

기업에서 다양성이라고 하면 일반적으로 성, 민족성, 인종, 성적 성향 등인데, 이러한 기본적이고 표면적인 다양성도 중요하지만 업무 경험, 나이, 학력, 출신 국가 등 인지적 다양성을 발휘할 수 있는 다른 종류의 다양성도 중요하다.

핵심 요소는 인지적 다양성cognitive diversity(다른 방식으로 문제를 해결하는 사람들이 함께 일하는 것)이다. 기업들이 현재 직면한 복잡하고 역동적인 환경에 대응하기 위해서는 다양한 종류의 전략, 즉 전통적classic, 적응적adaptive, 예지적visionary 전략 등을 능숙하게 다루기 위한 인지 능력의 다양성이 필요하다. 다양성이 성과에 긍정적인 영향을 미치는 것은 더 나은 문제 해결, 의사결정, 혁신을

---

2 Reagans et al., 2000.

촉진하기 때문이다. 그러한 결과를 견인하는 것이 인지적 다양성이다. 인지적 다양성이 더 직접적인 효과를 기대할 수 있는 산업의 경우 조직 성과에 대한 다양성의 긍정적 효과에 대한 연구는 많다.[3]

기술의 급속한 변화, 세계화의 복잡한 역학 구조, 세계적인 정치적 불안정성 등은 기업들이 버티기 더욱 어려운 예측 불가능한 비즈니스 환경을 만들고 있다. 특히 발 빠른 신제품 개발과 아이디어가 중요한 소비재, 엔터테인먼트 산업, 조직 과제 자체가 복잡하고 불확실성이 큰 투자 은행, 컨설팅, 기술 집약적인 정보통신 기술 산업 등에서는 이미 조직 인지 다양성을 혁신의 기반으로 삼아 조직 성과 향상에 적극적으로 활용하고 있는 경우를 많이 볼 수 있다. 다양성이 증가하면 혁신이 촉진될 뿐 아니라 회복력(예상치 못한 상황에서 살아남는 능력) 역시 강해지는데, 이는 다가올 10년에 혁신만큼 중요한 무기이다. 다양성이 높은 기업은 동질성이 높은 순혈주의 기업들에 비해 예기치 못한 변화를 견디고 외부의 위협에 적응하는 데 더 뛰어나다.

비즈니스 환경이 더욱 복잡해지고 역동적으로 변화하면서, 전략 및 실행에 있어 획일적이고 정체된 접근만으로는 충분하지 않게 되었다. 앞서 두 글로벌 기업의 사례에서 살펴봤듯이 최고경영진

---

3   Deso & Ross, 2012; Florida & Gates, 2003.

(C-레벨)에서의 다양성이 중요하다. 이사회 구성원의 다양성은 더 광범위한 아이디어로 이어진다. 기업이 얼마나 진지하게 다양성을 수용하고 있는지를 주주나 투자자들에게 보여주는 것이 된다. 일반인들은 기업들이 외부에 공표하는 지속가능경영 보고서나 다양성 보고서 등을 통해 해당 기업의 다양성 정도를 일부 엿볼 수 있으나 상세하게 알 수는 없다. 투자자 입장에서는 이사회와 C-레벨 구성원들의 다양성을 기업의 사업 보고서를 통해 파악하는 것이 중요하다.

이사회 구성원의 다양성이 혁신에 미치는 영향에 대한 기존 연구들은 대체로 이사회 구성원의 인구통계학적 다양성, 즉 성별이나 인종, 나이 등에 초점을 맞추고 있다. 이들 연구는 인구통계학적으로 다양한 이사회가 더욱 다양한 관점에서 감시하고 오류를 걸러내는 역할을 한다는 점에서 기업의 혁신 성과에 영향을 미친다고 주장하고 있다. 최근에는 인구통계학적 다양성에 더해 구성원들의 다양한 경험을 기준으로 한 인지적 다양성의 중요성에 관한 연구도 활발하다.

미국 인디애나대학교 켈리경영대학원 연구팀은 이사진의 경험적 다양성, 즉 교육 수준이나 종사했던 산업 또는 주직 경험 등의 인지적 다양성이 혁신에 미치는 영향을 연구했다. 연구팀은 1996년부터 2014년 사이 971개의 미국 상장 기업 이사진의 경험적 다양성을 조사했다. 해당 기업들의 급진적 혁신을 측정하기 위해 이들이 내놓은 특허를 조사했다. 그리고 이사진의 경험적 다양성이 혁신적인 특허의 양이나 질적인 면에 영향을 미치는지 살펴봤다.

연구 결과 이사진의 경험적 다양성은 경영진에 대한 건설적인 조언과 상담을 강화해 의사결정에 영향을 미쳤다. 다시 말해 다양한 경험을 가진 이사들은 표면적으로는 연결점이 잘 드러나지 않는 지식 조각들을 결합해 새로운 해석을 도출하고 이를 기반으로 정보적 다양성을 확대했다. 이는 새로운 관점과 창의적인 아이디어로 이어졌고, 최고경영진이 생각하지 못했던 전략적 기회를 발견하거나 새로운 기회를 창출하는 데 기여했다. 또 기업의 과감한 탐색 활동을 방해하는 집단 의사결정 시스템의 편향을 완화하기도 했다. 이는 모니터링 기능을 강화하는 측면에서 혁신에 기여하는 인구통계학적 다양성과는 다른 효과였다.

한국 사외이사 제도의 폐단이 낳은 코리아 디스카운트

1998년 한국은 사외이사 제도를 도입했다. 1997년 IMF 이후 외국 자본의 국내 투자가 허용되면서 지배구조의 투명성이 요구되었고 미국·유럽 등 선진국의 투명한 기업 지배구조를 본받기 위함이었다.

'회사 안' 인물은 부득불 오너의 눈치를 보게 마련이다. 사외이사는 말 그대로 '회사 바깥'에서 경영에 참여한다. 객관적 위치에서 경영진의 전횡을 견제하는 존재이다. 소액주주 보호가 궁극적 임무이다. 그래서 '독립성'이 가장 중요한 요건으로 꼽힌다. 사외이사의 정확한 표현은 '독립이사'일 것이다.

미국의 경우 전문경영인 체제에서 소액주주가 뽑은 사외이사가 이를 견제한다. 한국은 오너가 경영한다. 사외이사도 대개 오너 일가 입맛에 맞는 사람이 뽑힌다. 고양이에게 생선을 맡기는 격이니 이사회가 제대로 작동될 리 없다. 오너 경영이 많은 우리나라의 경우 사외이사 자리가 기업 리스크에 대한 보험이나 사전·사후적 보상 성격으로 쓰이곤 한다. 도입 전보다 상황을 악화시킨 경우도 있다. 이로 인해 발생하는 회사의 피해는 모두 소액주주가 감당하게 되는 것이 문제이다. 코리아 디스카운트Korea discount의 가장 큰 원인 중 하나가 되었다. 대표적인 예가 대한항공의 '땅콩 회항'과 '물컵 갑질' 사태일 것이다.

다양성과 거리가 먼 국내 대기업 사례

• •

2014년 12월 5일 0시 50분, 뉴욕 존 F. 케네디 국제공항에서 인천국제공항으로 향하는 대한항공 A380 여객기의 퍼스트 클래스에 탑승했던 고故 조양호 한진그룹 회장의 장녀 조현아 대한항공 전 부사장이 승무원에게 마카다미아 제공 서비스를 문제 삼아 비행기를 되돌리게 한 사건이 발생했다.

이른바 '땅콩 회항' 사건의 시작이었다. 당시 같은 1등석에 앉았던 승객의 참고인 조사 내용을 보면, 무릎을 꿇은 채 매뉴얼을 찾는 승무원을 조 전 부사장이 일으켜 세우더니 한 손으로 승무원의 어깨 한쪽을 탑승구 벽까지 거의 3m를 밀었으며 승무원에게 파일을 던지듯이 해서 파일이 승무원의 가슴팍에 맞고 떨어졌으며, 처음에는 승무원만 내리라고 하다가 이어 사무장에게도 내리라고 했다고 한다.

이 사건으로 인해 재벌 3, 4세의 갑질에 대한 사회적 분노가 엄청나게 일었고, 각종 패러디가 쏟아지기도 했다. 조현아 전 부사장에 대한 검찰 조사는 2014년 12월 12일부터 시작되었고 12월 18일 대한항공과 한진칼의 주가는 각각 5.5%, 5.47% 하락하며 두 기업의 시가총액은 2,359억 원 감소했다. 그 일주일 전인 11일까지 대한항공 주가는 국제 유가 급락에 따른 수혜 기대감으로 19% 이상 급등했었다. 심지어 조현아 전 부사장의 땅콩 회항 사태가 알려진 뒤 일정 시일까지도 오름세는 꺾이지 않았다. 상승 예상분까지 감안하면 시가총액 손실 폭은 훨씬 컸을 것이다.

이후 동생인 조현민 전무의 '물컵 갑질' 사태까지 더해지면서 대한항공 조양호 회장 일가의 범죄 혐의들이 연일 쏟아졌다. 상습 폭언과 폭행, 밀수와 세금 포탈, 대학 부정 입학과 1,000억 원대 상속세 탈루, 재산 및 자금 해외 은닉, 횡령·배임, 위장 계열사 운영, 출입국관리법 위반과 필리핀 연수생 인권 유린 의혹까지 그 내용도 다양했다.

조 회장과 3남매를 위한 이사회

조 회장 오너 일가가 장악한 한진그룹 주력사인 대한항공과 지주사 한진칼의 최고경영진 문제가 먼저 꼽힌다. 한진그룹 핵심 계열사와 주요 계열사의 사내이사 등 최고경영진은 조양호 회장과 조원태 사장, 조현아·조현민 씨로 대표되는 조 회장 가족 중심 체제이다.

사건이 있었던 2014년은 더했다. 조양호·조원태 부자와 '땅콩 회항'으로 사법처리된 조현아 씨, 조 회장의 매형 이태희 씨가 사내이사로 대한항공 경영권을 휘둘렀다. 여기에 지창훈·이상균 씨가 추가돼 대한항공 최고경영진 6명 중 4명이 조 회장 가족들로 채워졌다. 철저히 조 회장 일가와 최측근으로만 대한항공 최고경영진을 꾸려놨기 때문에 조현아·조원태·조현민 씨 등 조 회장 일가의 비정상적 황제 경영을 견제하는 것이 불가능했던 것이다.

주주가 반대한 측근 교수 사외이사 앉혀

사내이사가 가족 중심으로 되어 있다면 이를 막을 제도가 있다. 사외이사 제도이다. 이사회의 전횡을 막을 수 있는 브레이크 같은 역할을 하는 사외이사 제도가 있긴 하지만 그 기능을 전혀 발휘하지 못했다. 이사회와 사외이사 시스템이 정상적으로 가동했다면 계열사를 동원한 밀수와 출입국관리법·외환관리법 위반, 위장 계열사 운영, 불법 일감 몰아주기 같은 기업 범죄 의혹이 짙은 사안에 이의가 제기되거나 견제 움직임이 있었을 것이다.

한진그룹 계열사의 사외이사 시스템은 제대로 작동하지 못했다는 평가가 절대적이었다. 대한항공과 한진칼 등 한진그룹 사외이사들 역시 조양호 회장 일가와 '학연·친구·친인척과의 친분', '정부 및 권력기관'을 통해 연결돼 있기 때문이었다.

한진그룹 사외이사에는 특정 법무법인인 광장 소속 사외이사들이 있는데, 광장은 1977년 조양호 회장의 매형 이태희 변호사가 만든 법무법인으로 태생부터 조 회장 일가와 매우 밀접했다. 조양호 회장 일가인 이태희 변호사도 1998~2014년까지 대한항공 사내이사를 맡았었다. 대한항공 사내이사 겸 부사장이던 조 회장의 맏딸 조현아 씨가 폭행과 땅콩 회항 사건으로 구속되자 조 씨 변호도 광장 변호사들이 맡았다. 한때 대한항공 사외이사인 안용석 법무법인 광장 대표변호사는 광장이 조 씨 사건을 맡았을 당시에도 광장 변호사 신분이었고, 동시에 대한항공 사외이사도 겸직 중이었다. 그는 조현아 씨와 함께 대한항공 이사회 구성원이었다.

심지어 당시 광장은 서울 중구 소공동 한진그룹 소유 한진빌딩에 입주해 있기도 했다. 이런 법무법인의 대표변호사와 고문이 대한항공 사외이사 자리를 맡고 있었던 곳이다.

조 회장 친구·동문 포진

대한항공의 사외이사진은 오랫동안 조양호 회장 일가와 친밀한

안용석 변호사, 김재일 교수, 김승유 하나금융 전 회장, 이윤우 산업은행 전 부총재, 이석우 변호사 등 5~6명이 주도했다. 이들 외에 1년에 1~2명 정도 교체하거나 복귀시키는 형태로 운영돼왔다.

2013년 대한항공을 인적 분할해 새롭게 지주사로 만든 한진칼의 사외이사는 3명인데 역시 조양호 회장 일가와 친한 인물들로 채워졌다. 2013년부터 2018년까지 5년 연속 사외이사를 맡은 조현덕 법무법인 김앤장 변호사의 경우 사외이사 자격 논란이 일었던 대표적 인물이었다. 대한항공을 분할해 한진칼을 지주사로 만드는 데 그가 직접 자문용역을 한 것으로 알려졌기 때문이다.

조양호 회장 일가의 재산 이전과 경영권 승계 작업 성격이 강한 대한항공과 한진칼 분할 및 지주사 작업에 관여한 사람이 사외이사로 조 회장 일가의 경영을 견제할 수 있겠냐는 것이 일반 주주들의 시각이었다.

조 회장과 경복고 동문인 김종준 전 하나은행장도 항공 산업과 관련된 경력이 없었지만 2016년 3월 한진칼의 사외이사가 됐고, 앞서 언급한 이석우 변호사도 2017년 대한항공 사외이사에서 한진칼 사외이사로 자리 이동을 했다.

당시 한진칼은 '사외이사후보추천위원회'조차 없었다. 그러다 보니 조양호·조원태 부자와 석태수 씨, 사외이사 3명을 포함한 이사회 멤버 6명 전원이 조 회장 가족이거나 회장 가족과 친분이 두터운 이들로만 구성돼 있었다.

다양성이 높은 기업 찾기

· ·

최근 몇 년간 글로벌 기업들은 DEI(다양성Diversity, 형평성Equity 및 포용성Inclusion)에 상당한 투자를 해왔다. 〈포춘〉 500대 기업들의 거의 전부가 현재 일정 형태의 다양성 및 포용성 교육을 제공하고 있으며, 미국 기업들만 해도 매년 이런 교육에 약 80억 달러를 지출하고 있다.

당연히 DEI 지수가 높은 기업이 가치가 있다는 방증이다. '다양성'은 종종 특정 조직 내에서 특정 인구통계학적 그룹의 대표성을 증대하는 집단의 노력으로 여겨지고 있었지만, 시간이 흐름에 따라 이런 관점은 더 확대되어 대표성이 부족한 그룹의 구성원들과 다수 그룹 직원들이 동일한 경력 개발과 승진의 기회를 얻도록 공평한 기회의 장을 마련하는 것(형평성), 긍정적이고 지지받는 직장경험을 할 수 있도록 보장하는 것(포용성)을 포함하게 되었다. 문제는 DEI에 대한 정의에서부터 기업들의 경영자나 구성원들이 받아들이는 이해의 정도에 상당한 편차가 있어서 이를 조정하는 과정중에 있다는 것이다.

기업의 다양성 정도를 알 수 있는 다양성 보고서를 제출하고 있는 기업이 증가 추세에 있지만, 다양성 보고서를 발간하는 기업의 수는 글로벌 컨설팅 업체 래들리 옐다Radley Yeldar의 조사에 따르면 2023년 기준 영국 FTSE 지수에 등재된 100대 기업 기준으로 13%

정도이다. 이마저도 2022년 대비 2배가량 증가한 수치이다. 국내 대기업으로 한정해보면 카카오가 2023년 IT 업계 최초로 보고서를 발간한 정도이다. 관심 있는 기업에 대해 직접 수치를 확인하는 것이 빠를 것이다.

국내 대기업들의 경우 먼저 이사회의 다양성을 살펴보기를 추천한다. 금융감독원 전자공시DART에서 각 기업 이사회 구성을 살펴보면 간단하게 확인할 수 있다. 전자공시를 통해 기업들의 결산, 반기·분기 보고서를 열어서 임원의 현황이나 이사회 활동 등을 확인하면 다양한 정보를 얻을 수 있다. 특히 이들의 이력에서 이전 경력뿐 아니라 학력, 나이 등을 보면 오너나 사내이사들과의 관계를 유추할 수 있는 여러 정보를 확인할 수 있다.

S&P 500 기업들은 현재 이사진에 적어도 한 명 이상의 여성을 포함하고 있지만 지난 10년 동안 〈포춘〉 500대 기업 이사진의 전체 소수자 비율은 2010년 13%에서 2018년 16%로 겨우 3%p 성장하는 데 그쳤다. 우리나라는 2020년 자본시장법 개정에 따라 자산 규모 2조 원 이상의 상장사들은 여성 사외이사를 의무적으로 두게 되어 있다. 기업 분석 연구소 리더스인덱스의 조사에 따르면 자본시장법 개정으로 자산 2조 원 이상의 상장 대기업은 특정 성별로만 이사회를 구성하지 못하게 된 영향을 받아 30대 그룹 계열사들의 사외이사 중 여성 사외이사 비중은 2018년 2.3%인 16명에서 2023년 전체 사외이사 854명 중 18.1%인 155명으로 10배 가

까이 증가한 것으로 나타났다.

문제는 기업의 가치를 높이는 다양성에서 사내이사들의 역할이 중요한데, 사내이사에서 여성 임원은 900명 중 25명으로 5년 전 720명 중 12명에 비해 수는 증가했으나 비중은 1.7%에서 2.8%로 1.1%p 증가에 그쳤다. 이 또한 의미 있는 수치일 수 있지만 글로벌 기업들의 다양성을 위한 노력에 비하면 걸음마 수준에 불과하다는 것을 알 수 있다.

다음으로는 구성원들의 다양성 확인을 통해 좀 더 내부적인 정보를 확인할 수 있다. 지속가능경영 보고서를 제출하고 있는 기업들은 이를 확인하는 것이 가장 손쉽다. 현재 국내 대기업 중 지속

| 그림 57 | 2023년 현대자동차 지속가능성 보고서

출처: 현대자동차 홈페이지

가능경영 보고서를 제출하고 있는 곳은 200여 개로 지속가능경영 보고서를 통해 다양성과 관련된 다양한 정보를 직접 확인할 수 있다. 남녀 직원들의 현황부터 신입사원의 남녀 비율, 관리자 중 비율 등도 확인할 수 있다. 투자자들이 투자 대상 기업에 대한 이러한 정보를 직접 확인할 수 있다면 해당 기업에 대한 후행 데이터인 재무 정보에 의존하지 않고도 선행 정보 성격인 인사나 내부 정보를 획득할 수 있을 것이다.

7장

중장기 투자의 조건 7

결국엔 사람,
인재들이 맘껏
활약하는 기업인가

맥스 레브친0Max Levchin은 1975년 우크라이나의 유대인 가정에서 태어났다. 1986년 체르노빌 원전 폭발 사고가 일어나자 물리학자인 어머니를 따라 우크라이나를 탈출해 미국으로 건너왔다.

레브친은 일리노이대학교 어바나-샴페인Urbana-Champain에 재학 중일 때 4개의 기술 스타트업을 설립했다. 첫 번째는 1994~1995년 사이에 시작한 '스폰서넷 뉴미디어SponsorNet New Media'라는 광고 배너 네트워크 사업이었고, 두 번째는 1996년에 시작한 '넷모멘텀 소프트웨어NetMomentum Software'라는 신문 사이트에서 하이트 라벨을 분류하는 비즈니스였다. 세 번째는 그다음 해 설립한 '넷메르디안 소프트웨어NetMerdian Software'로 1996년도와 비슷한 스타트업이었다. 이 3개 스타트업 모두 실패했다.

하지만 1998년 네 번째로 창업한 '리스트봇ListBot/PositionAgent'
이 링크 익스체인지Link Exchange에 인수되면서 파트너인 에릭과 그
해 8월 캘리포니아로 이사를 했다.

페이팔 마피아

• •

레브친은 1998년 스탠퍼드대학교 여름 학기에 더위를 피하기 위
해 에어컨 잘 나오는 강의실을 찾아 헤매다 우연히 헤지펀드 매니
저 피터 틸Peter Thiel의 강의를 듣게 된다. 신출내기 강사였던 피터
틸의 강의는 인기가 없었다. 1967년 독일 프랑크푸르트에서 태어
난 피터 틸은 한 살 때인 1968년 부모를 따라 미국으로 이주한 이
민 1.5세대이다. 광산 엔지니어였던 아버지를 따라 남아공에서 살
기도 한 그는 스탠퍼드대학교에서 철학을 전공한 뒤 대학원에서는
법학을 전공해 로스쿨을 졸업했다.

스탠퍼드에 다니는 동안 피터 틸은 국가의 법적 규제가 자유로
운 사상을 억압한다고 보고 이에 반대해 '자유지상주의'를 옹호했
다. 이를 위해 뜻있는 친구들을 모아 대학신문 〈스탠퍼드 리뷰〉를
창간해 편집장으로 일했다. 졸업 후 뉴욕 설리번 앤 크롬웰Sullivan
& Cromwell에서 변호사로 일했지만 적성에 맞지 않았는지 7개월 만
에 진로를 바꾸었다. 교육부 장관인 윌리엄 베넷William Bennett의 연

설문을 쓰기도 했지만 결국은 크레딧 스위스에서 자기 이름을 딴 펀드의 파생상품을 만들고 파는 트레이더로 일하며 3년간 경험을 쌓아 독립을 결심한다. 그는 1996년 캘리포니아로 이사 와 주변 사람들로부터 100만 달러를 모집해 '틸캐피털Thiel Capital'이라는 헤지 펀드 회사를 차렸다.

그리고 1998년 모교 스탠퍼드대학교에서 여름 학기 강의를 했다. '화폐 시장의 글로벌 개방과 정치적 자유와의 관계'에 대한 강의였다. 수강 학생은 겨우 6명뿐이었는데 이 강의장에서 레브친을 만난다. 레브친과 피터 틸은 수강생과 강사로 만나 1998년 스탠퍼드대 인근에서 함께 점심을 먹었다. 이때 레브친은 자신이 창업할 소형 기기에 암호화된 정보를 저장하는 필드링크Fieldlink라는 보안 기술 아이디어를 설명했고, 틸은 투자 의사를 밝혀 공동 창업을 했다. 이렇게 해서 레브친과 틸은 '컨피니티'란 보안 소프트웨어 회사를 만들었다. 레브친이 '개발'을 맡는 CTO였고 28만 달러를 투자한 틸이 CEO로 '경영'을 맡았다. 그들은 6번 실패 끝에 정보를 암호화해서 보낼 수 있다면 돈도 암호화해서 송금할 수 있겠다는 생각에 이른다.

이 사업에 동참한 또 다른 인물이 테슬라의 창업자인 일론 머스크Elon Musk였다. 머스크는 펜실베이니아대학교를 졸업한 후 닷컴 혁명을 맞는다. 머스크는 인터넷 회사를 설립했다. 온라인 콘텐츠를 제작할 수 있게 해주는 Zip2이다. 이 회사는 1999년에 3억 달

| 그림 58 | 엑스닷컴 시절 일론 머스크

왼쪽이 동업자 피터 틸. 틸의 주도로 머스크는 회사에서 쫓겨난다. 엑스닷컴은 페이팔로 이름을 바꾼 후 이베이에 매각된다.

러에 컴팩에 매각된다. 머스크는 이 돈으로 엑스닷컴x.com이라는 온라인 결제 벤처기업을 설립했다. 엑스닷컴은 2001년 2월에 컨피니티와 합병 후 회사 이름을 '페이팔Paypal'로 바꾸었다. 틸과 다른 페이팔 창업자들은 머스크가 자신들이 원하는 리더가 아니라고 판단하고 그를 강제로 퇴출시켰다.

이들은 7번째 시도 만에 팜파일럿(초창기 PDA 제품)에서 다른 팜파일럿으로 현금을 안전하게 옮기는 시스템을 개발했다. 마지막 아이디어(Plan G)의 일환으로, 웹 기반의 아주 기본적인 데모 버전을 만들었다. 고급 팜파일럿 버전 소프트웨어가 할 수 있는 것들을 보여주기 위해서였다. 그런데 이상한 일이 일어났다. 사람들이 실제 현금 거래에 이 웹 버전을 사용하기 시작했다. 마침내 성공한 것이다. 이 회사가 바로 오늘날 온라인 결제 시장을 장악하고 있는 페이팔의 전신이다.

당시 페이팔은 이미 400만 명의 고객을 확보하고 있었고, 온라인 경매 업체 이베이에서 이루어지는 경매의 50%를 소화할 만큼 막강한 온라인 결제 기관이었다. 페이팔은 경매 사이트 이베이에 없어서는 안 될 엄청난 조력자였다. 페이팔을 애용하던 이베이는 아예 페이팔을 사들였다. 2002년 10월 15일 당시 매입 금액은 15억 달러(약 1조 7,000억 원)였다. 이때 일론 머스크는 페이팔의 최대 주주로서 지분 11.7%의 가치로 약 2억 5,000만 달러를 배당받았다. 일론 머스크는 이 자금을 기반으로 자신의 꿈인 화성으로 가기 위한 우주 로켓 기업 스페이스X와 순수 전기자동차 기업 테슬라 모터스를 설립한다.

레브친이 보유한 페이팔 지분 2.3%의 가치는 3,400만 달러 정도였다. 레브친은 다시 창업에 나섰다. 또 다른 창업 아이템으로 페이팔보다 더 비싼 기업으로 키우겠다는 야망도 있었다. 틸은 페이팔 매각 후 1,000만 달러를 투자해 헤지펀드 '클래리움 캐피털'을 세웠다. 이어 2004년에는 빅데이터 분석 플랫폼을 제공하는 '팰런티어 테크놀로지스'를 설립했다. 사기 방지와 범죄 예방 소프트웨어를 만드는 회사였다. 세계의 정보를 분석하고 시각화하고 통합할 수 있는 플랫폼이다. 그 뒤 FBI와 CIA는 팰런티어를 적극 활용했고, 기업 가치는 약 93억 달러(약 10조 원)로 불어났다.

2004년 8월 틸은 리드 호프먼Reid Hoffman, 마크 핀커스Mark Pincus와 함께 페이스북의 첫 에인절angel 투자자가 된다. 당시 페이스북 창업자 마크 저크버그Mark Zuckerberg는 실리콘밸리로 막 이사해 자기를 지도해줄 멘토를 찾던 중이었다. 틸은 페이스북에 50만 달러를 투자해 10.2%의 지분을 받고 이사회에 합류한다. 그는 벤처 사업에 문외한이었던 저커버그를 도와 페이스북의 체계를 잡았고 골드만삭스 등 '큰손'들로부터 투자를 끌어냈다. 이후 페이스북이 상장되고 난 뒤 그는 지분 일부를 팔아 약 10억 달러를 벌었다.

레브친은 2004년 슬라이드닷컴 창업과 동시에 투자도 했다. 레브친의 29번째 생일을 맞아 페이팔 동료 16명이 한자리에 모였을 때이다. 이들은 "좋은 치과 의사를 찾는 게 얼마나 어려운지"를 이야기하기 시작했다. 이때 옐프Yelp의 콘셉트를 머릿속에 그리고 있었던 러셀 시몬스Russell Simmons와 제레미 스토펠만Jeremy Stoppelman은 그들이 준비하는 평판 서비스에 대한 아이디어를 설명했다. 식사가 마무리되자 레브친은 사무실로 시몬스와 스토펠만을 불러 아이디어를 자세히 설명해달라고 했다. 레브친은 그다음 날 그들에게 100만 달러를 투자하고 지분을 받기로 했다. 이 투자로 레브친은 옐프의 최대 주주가 된다. 레브친은 슬라이드Slide를 창업했고 이를 2010년 8월에 구글이 1억 8,200만 달러에 인수하면서, 레브친은 구글의 엔지니어링 부사장이 되었다.

이들 멤버 간에는 서로를 도와야 한다는 의무가 없었다. 정기 모임이 있었던 것도 아니다. 레브친과 틸은 스탠퍼드대 교정에서 점심식사를 하며 대화하듯 나눈 아이디어에서 시작해 창업했다. 이들은 비정기적으로 만나 서로의 사업 아이디어를 공유했고, 아이디어가 좋으면 그 자리에서 투자를 결정하기도 했다. 서로의 인재 풀pool을 공유하면서 채용도 협력하고, 오피스 공간도 공유하는 등 서로 도움을 주고받았다. 멤버 간의 특별한 계약이나 의무, 혹은 정기적인 미팅이 있었던 것도 아니다. 비공식적으로 협력한 것뿐이었다. 서로 밀고 끌어주는 유대 관계를 유지하면서 이들은 실리콘밸리에서 막강한 영향력을 발휘하는 권력 집단이 됐다. 2007년 미국 경제 전문지 〈포춘〉은 페이팔 창업 멤버들을 조명하면서 이들을 '페이팔 마피아'라고 불렀다.

대표적인 페이팔 마피아는 페이팔의 공동 창업자 겸 CEO인 피터 틸과 공동 CEO였던 일론 머스크, 천재 엔지니어 맥스 레브친이다. 유튜브YouTube를 만든 엔지니어 스티브 첸Steve Chen과 채드 헐리Chad Hurley는 유튜브를 수조 원대에 구글에 팔았다. 링크드인 LinkedIn의 창업자 리드 호프먼도 대표적 인물이다 페이팔의 성공 이후 새로운 도전에 나선 페이팔 마피아가 없었다면 오늘날 테슬라, 유튜브, 링크드인도 없었을 것이다.

유튜브는 구글이, 링크드인은 마이크로소프트가 각각 인수하면

| 그림 59 | 페이팔 마피아

페이팔 마피아는 페이팔 출신 기업가들의 모임이다. 피터 틸(사진 앞줄 왼쪽)이 대부, 사진 공유 사이트인 슬라이드 창업자 맥스 레브친(사진 앞줄 오른쪽)이 고문격이다.

서 경영진의 변화를 겪었다. 하지만 테슬라는 여전히 페이팔 마피아 머스크가 CEO로 자리를 지키고 있다. 최근인 2023년 11월에도 일론 머스크 테슬라 CEO가 설립한 뇌 신경 전문 기술 기업 뉴럴링크가 페이팔 공동창업자 피터 틸이 운영하는 벤처투자사 파운더스 펀드를 통해 대규모 추가 투자 유치에 성공했다.

어떻게 이런 일이 가능할 수 있을까? '누구와 함께 일할 것인가'는 '무엇을 할 것인가'보다 더욱 중요하다. 이런 기회를 만들어낸 네트워크에는 특별한 특성들이 있다.

첫 번째는 각각의 구성원들이 가장 기본이 되는 수준 높은 실력을 가지고 있어야 한다는 것이다. 멤버 각각의 실력이 그 그룹의

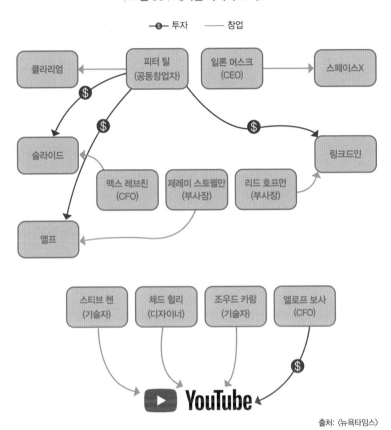

| 그림 60 | 페이팔 마피아 조직도

━●━ 투자　　　──── 창업

출처: 〈뉴욕타임스〉

수준을 결정한다. 멤버들의 실력은 단순히 좋은 학교 출신을 의미하지는 않는다. 각자가 가진 역량 측면에서 최고의 실력을 요구하는 것이다. 두 번째는 공유되는 경험과 실적을 통한 강한 '신뢰'를 바탕으로 해야 한다. 페이팔 마피아들의 가장 큰 특징 중 하나가 '공통된 성공 경험'을 통한 '신뢰'가 바탕이 되었다는 점이다. 세 번째는 물리적으로 가까이 있어야 한다. 얼굴을 보고 자주 만날 수 있을 만큼 가까이 있어야 한다는 것이다. 마지막으로 그룹 내 구성원들이 공유하고 서로 돕는 가치와 문화가 있어야 한다. 경쟁 관계에 있을지라도 협력해야 한다.

한국의 NHN 마피아
••

국내에도 '페이팔 마피아'와 비슷한 형태의 일명 'NHN 마피아'가 있다. 미국에 실리콘밸리가 있다면, 우리나라에는 판교밸리가 있다. 판교밸리는 'NHN 마피아'가 토대가 되어 구축됐다고 할 수 있다. 시작은 네이버의 창업자 이해진 의장과 카카오의 창업자 김범수 의장의 만남이다.

네이버를 창업한 이해진 의장은 1986년 서울대학교 컴퓨터공학과에 입학한다. 한 해 재수를 한 카카오 창업자 김범수 의장은 같은 해 서울대학교 산업공학과에 입학한다. KAIST에서 석사학위를 받은 이해진 의장과 서울대학교 대학원에서 석사를 한 김범수 의장은 1992년 나란히 삼성SDS에 입사하게 된다. 김범수 의장은 이후에 카카오 대표를 맡게 되는 남궁훈 전 대표와 함께 먼저 1998년 6월 한양대학교 앞에 '미션 넘버원'이라는 PC방을 창업해 한자리에서 모든 컴퓨터를 관리할 수 있는 시스템을 개발했다. 이를 통해 많은 돈을 번 김범수 의장은 1998년 8월 삼성SDS를 퇴직하고 1998년 11월 한게임을 창업했다. 이해진 의장은 1년 뒤인 1999년 '네이버컴'을 창업했다. 1년 뒤 2000년 김범수 창업자와 이해진 창업자 둘은 포털과 게임의 시너지를 위해 네이버와 한게임을 합병했다. 이렇게 해서 NHN(현 네이버)이 탄생했다.

2000년 2월 중순 강남역 인근의 한 술집. 김정호 베어베터 대표(당시 네이버컴 이사)와 이해진 네이버 글로벌투자책임자(GIO, 당시 네이버컴 대표)가 함께 술잔을 기울이며 대화하고 있었다. 김 대표는 이 GIO에게 한게임과의 합병을 적극적으로 권했다. 김범수 카카오 의장(당시 한게임 대표)이 도착했을 땐 얘기가 한창 무르익고 있었다. 한국 벤처 역사상 최고의 합병이 탄생하는 순간이었다.

- 임원기, 《네이버, 성공신화의 비밀》 중에서

NHN은 '넥스트 휴먼 네트워크'라는 뜻 외에 네이버·한게임·네트워크의 영어 앞글자를 딴 것이다. 야후, 다음, 프리챌, 네이트 등 인터넷 포털 등이 각축전을 벌이던 2000년대 초반, 김범수-이해진은 힘을 합쳐 '네이버'라는 이름을 사람들에게 각인시키며 단순에 인터넷 포털 1위 자리를 꿰찼다. 한게임 역시 국내 최대 게임 포털로 입지를 공고히 했다. 국내 IT 산업과 스타트업 생태계의 조성은 NHN의 등장 전과 후로 나눠볼 수 있을 정도로 시대에 한 획을 그었다.

이후 국내 IT 스타트업의 인적 네트워크는 네이버 출신과 한게임 출신으로 구분되어 성장했다. 이준호 NHN 의장과 국회의원을 지낸 김병관 전 웹젠 대표를 비롯해 삼성SDS를 다니다 네이버에 합류한 김정호 베어베터 대표, 최휘영 트리플 대표 등 네이버 출신으로 판교밸리에서 활동 중인 창업자는 20여 명이다.

네이버의 네트워크 확장은 라인을 발판으로 일본으로도 펼쳐졌다. 소프트뱅크의 손정의 씨를 시작으로 라인과 야후재팬 합병의 키맨 역할을 한 신중호 라인 공동대표는 '라인의 아버지'라 불리며 일본 IT 산업에서 빼놓을 수 없는 인물이다. 또 네이버의 일본 라이브도어를 주도한 마츠다 준舛田淳 라인 최고전략마케팅책임자CSMO와 이데자와 다케시出澤剛 라인 공동대표도 일본 IT 산업의 거물급 인사가 됐다.

네이버의 인적 네트워크는 외부로 확장하는 개방형이라면, 김범수 창업자의 인적 네트워크는 김 의장을 중심으로 한 한게임과 NHN 출신들이 카카오로 집중하는 형태이다. 2007년 7월 김범수 의장이 NHN USA 대표직을 사퇴하고, 1~2년 사이 한게임 창업 멤버 모두가 NHN을 떠난다. 김범수 의장은 2006년 12월 아이위랩을 창업하면서 자신의 길을 걷기 시작한다. 네이버는 이미 국내 인터넷 시장을 움직이는 공룡으로 성장했고, 대기업이 돼 있었다. 한게임의 김범수 의장이 "항구에 정박한 배에 있는 것이 싫어

| 그림 61 | NHN을 거쳐 간 주요 IT 기업 대표들

출처: 〈중앙일보〉

NHN을 떠났다"라고 말한 것도 이런 맥락이다.

페이팔 마피아의 레브친과 틸처럼 김범수 의장은 다양한 스타트업에 투자를 해왔다. 그는 2007년 NHN을 떠나면서 "성공한 선배 기업가가 할 수 있는 가장 좋은 선행은 후배 기업가를 키우는 것"이라며 "CEO 100명을 성장시키겠다"라고 말했다. 실제 카카오를 성공 궤도에 올려놓은 뒤인 2012년 케이큐브벤처스(현 카카오벤처스)를 설립해 200개 가까운 기업에 투자하고 있다.

김범수 의장은 3년 뒤인 2010년 모바일 시대가 열리면서 카카오톡으로 화려하게 복귀하며 메신저 시장의 주도권을 잡았다. 아이위랩은 2010년 카카오로 사명을 바꾸면서 카카오톡은 2010년 12월 에인절 투자자로부터 50억 원의 투자를 받는다. 이후 2011년 8월 라구나인베스트먼트의 박영호 대표이사(당시 한국투자파트너스 팀장)가 투자를 집행했는데, 박영호는 한국투자파트너스에 합류하기 이전에 NHN에서 7년 동안 근무했으며 남궁훈 전 대표와 친분이 있었다.

김범수 의장은 페이팔의 마피아들이 그랬듯이 NHN을 떠난 지 10년이 넘도록 NHN 당시 함께 고생했던 이들과 단체 카톡방을 개설해 만남을 이어가고 있다고 한다. 그 주요 멤버는 한게임 출신들이다. 20여 명가량 되는 구성원들은 1년에 한두 차례 정기적으로 만나서 "그때그때 시간 되는 사람들이 참석하는 열린 모임"을, "블록체인에서 인공지능까지 온갖 주제를 가지고 다양하게 서로 의견을 나누고 옛날얘기도 하는 그런 자리"를 갖는다.

카카오의 초기 멤버들은 김범수 인맥의 시작이 되었다. 이확영 그렙grepp 대표는 카카오 최고기술책임자CTO로 일하면서 카카오톡을 탄생시킨 일등 공신이었다. 이확영 대표는 삼성SDS를 거쳐 프리챌 창업 멤버로 벤처 업계에 들어와 NHN에서 개발자로 근무했다. 이확영 대표는 카카오의 전신인 아이위랩 시절부터 김범수 의장과 함께했다. 아이위랩은 2010년 카카오톡의 가입자가 100만 명을 넘기면서 사명을 카카오로 바꿨다.

카카오는 남궁훈 대표가 창업한 '엔진'을 사들이며 남궁훈 대표를 카카오게임즈 공동대표에 앉혔다. 그는 한게임 커뮤니케이션사업부장과 NHN 인도네시아 법인 총괄, 한국 게임 총괄, NHN USA 대표, CJ E&M(현 넷마블게임즈) 대표를 지냈다. 그는 2013년 위메이드엔터테인먼트 대표를 끝으로 게임 업계를 떠났다가 2015년 7월 엔진 대표로 복귀했다. 정욱 넵튠 대표도 한게임 인적 네트워크에서 빼놓을 수 없다. 2009년부터 2011년까지 한게임을 이끈 정 대표는 2012년 1월 모바일 게임 회사 넵튠을 창업했다.

이외에도 김범수 의장의 인맥에는 NHN에서 함께했던 인물들도 포함돼 있다. 김범수 의장은 NHN 출신들이 창업한 기업들을 인수하며 이들을 불러들였다. 대표적인 NHN 마피아로는 조수용, 문태식 대표가 있다. 카카오는 NHN 마케팅 부문장을 역임한 조수용 대표가 만든 JOH(제이오에이치)를 2018년 사들인 뒤 조 대표를 카카오 공동대표에 임명했다. 또한 카카오는 문태식 대표가 창업한 마음골프를 2017년에 인수했다. 문태식 카카오VX 대표도 한게임커뮤니케이션 부사장 출신이다.

NHN 출신들이 벤처 업계를 이끌게 된 동력은 뭘까. 기획, 영업, 개발, 디자인 등 다방면에서 경쟁력을 갖춘 NHN에서의 경험이 창업이나 벤처기업에 뛰어드는 데 도움이 된다는 사실에는 이견이 없다.

IT 기업 마피아 인맥의 또 다른 축은 '네오위즈NEOWIZ 마피아'이다. NHN 마피아의 중심인 이해진 의장과 김범수 의장이 586세대

| 그림 62 | NHN 출신들이 벤처 업계를 이끌게 된 동력은 뭘까

라면, 네오위즈 마피아의 중심인 장병규 크래프톤 의장과 나성균 네오위즈홀딩스 의장은 X세대이다. 네오위즈 마피아는 이 두 사람이 주축이 돼 1997년 네오위즈를 세우면서 시작된다. 네오위즈는 당초 '원클릭'이란 인터넷 자동접속 프로그램을 개발한 회사였지만 이후 웹 기반 채팅 서비스인 '세이클럽', 게임 포털 '피망' 등으로 사업 영역을 넓혀갔다.

'미르의 전설'로 잘 알려진 게임사 위메이드의 장현국 대표도 네오위즈 모바일 대표 출신이다. 엑스엘게임즈의 최관호 대표와 조계현 카카오게임즈 대표도 네오위즈에서 오랫동안 한솥밥을 먹던 사이이다. 비교적 젊은 세대 CEO로는 김봉진 우아한형제들 대표, 정주환 카카오모빌리티 대표 등이 있다.

"벤처캐피털 업계에는 이런 말이 있습니다. 첫째도 사람, 둘째도 사람, 셋째도 사람이라는 말입니다. 저희는 사람을 보고 투자를 합니다." 2015년 대통령과 금융인들과의 오찬 미팅에서 "초기 벤처에 투자를 할 때 어떻게 평가를 하고 결정을 하는 건가요?"라는 질문에 대한 답변이다. 창업가들이 투자 유치를 위해 벤처캐피털에 제출하는 사업 계획서를 투자 후 1년이 지난 시점에 다시 들여다보면 애당초 약속한 매출 계획이나 사업 계획의 달성도는 20%를 채넘지 못한다. 창업가들이 거짓말을 해서가 아니라 애써 노력했으나 성취하지 못한 것이라는 걸 벤처캐피털은 다 안다. 아마존도, 네이버도, 알리바바도 다들 비슷한 과정을 거쳤다. 스타트업을 하는 기업이나 벤처기업에만 이 '사람 공식'이 통할까? 아니다. 일반 기업들도 이 공식은 똑같이 통한다.

이외에도 국내에는 다양한 제2, 제3의 '페이팔 마피아'들이 있다. 미국 실리콘밸리에는 한국의 국가번호 82를 딴 '82스타트업'이라는 한국인 창업자 모임이 있다. 2018년 이기하 프라이머사제파트너스 대표 주도로 창업자 9명이 저녁 식사를 하다가 만들었다. 김동신 센드버드 대표, 이주환 스윗 대표, 안익진 몰로코 대표, 하정우 베어로보틱스 대표 등이 82스타트업의 멘토로 참여하고 있다.

우아한형제들, 직방, 쏘카 등을 초기에 발굴한 손호준 스톤브릿지벤처스 이사, 변준영 컴퍼니케이 부사장, 김태규 에이벤처스 부사장, 오지성 뮤렉스파트너스 부사장 등이 있는 '1984년생 투자 심사역'들도 그들이다.

우수한 인재들이
맘껏 활약하는 기업을 찾아라

• •

기업의 가치는 그 기업을 이끄는 사람들이 만들어내는 것이다. 지속적으로 성공하고 기업의 가치가 상승하는 비결은 무엇일까? 미국의 빅테크 기업들은 그 해답을 '인재'라고 말한다. 앞서가는 기업들은 불확실성이 높아질수록 인재 한 사람에 집중하기보다는

'밀도'에 집중한다. 외부에서 우수한 인재를 잘 채용하는 것도 중요하지만 내부 인재가 이탈하지 않도록 유지할 때 더욱 강해진다. 우수한 인재들은 우수한 사람들과 함께 일하기를 원한다. 기업이 특정한 기술에 많은 투자를 한다고 홍보할 때 반드시 투자하는 분야에 핵심 인재가 얼마나 많은가와 함께 그들이 시너지를 낼 수 있는 인적 네트워크가 좋은 사람들인가를 확인해야 한다.

미국 캘리포니아주에 완공된 애플 신사옥 '애플파크Apple Park'가 바로 대표적인 사례이다. 최첨단 디지털 친환경 기술이 접목된 우주선 모양의 원형 구조는 직원 간의 우연한 마주침으로 이뤄지는 생각의 교류로 가치를 창출하겠다는 의도까지 엿보인다.

최근 기술 혁신의 근간이 '생성형 AI'로 넘어가면서 '인재'에 대한 중요성은 기업 간 쟁탈전 양상으로까지 강화되고 있다. 오픈AI가 발표한 '챗GPT' 열풍으로 시작된 생성형 AI가 산업 전반의 패러다임을 바꾸는 영향력을 입증한 만큼, 국내 기업들도 이에 발맞춰 핵심 인력 수급에 비상이다. 이렇다 보니 기업 간 분쟁까지 발생할 지경이다. 2023년 5월 네이버와 SK텔레콤 간에 발생한 갈등이 대표 사례이다. 네이버는 SKT에 "자사 AI 인력을 그만 빼가라"며 내용증명을 보냈다. 정석근 전 네이버 클로바 CIC(사내 독립 기업) 대표가 SKT 계열사로 이직한 후 동료들을 끌어가려는 정황을 포착했다는 게 골자이다. 네이버는 소프트웨어로 성장한 기업답게 국내에서는 AI 인력을 가장 많이 보유한 회사로 알려졌다. SKT는 최근 기존의 기간통신사업자에서 'AI 컴퍼니'로 도약하고자 전사적 역량을 기울이고 있다.

하지만 고급 AI 인재를 유치하기 위해서는 보상 못지않게 연구 생태계 활성화가 중요하다. 글로벌 빅테크에서 일하는 한국인 AI 연구자들을 대상으로 '귀국을 고려할 만한 조건'을 설문 조사했더니(2014년), 1순위는 우수한 동료 연구진, 2순위는 데이터·컴퓨팅 시스템 같은 AI 연구 인프라, 3순위는 자율적이고 수평적인 연구 문화였다. 당시 조사에서 급여 수준은 귀국 고려 대상 4순위에 그쳤다고 한다. '갈라파고스'에 머무는 게 아니라 글로벌 커뮤니티에서 같이 연구하고 있다는 심리적 만족감을 제공해야 한다.[1]

실제 국내 삼성전자, 네이버, 카카오, SK텔레콤, LG전자, KT 등 AI의 중요성을 인식하고 본격적인 사업을 하고 있는 기업들의 임원 명단을 보면, 외부에서 우수한 인재를 데리고 왔다고 대대적인 홍보를 했지만, 그들은 몇 년 지나면 임원 명단에서 사라지는 일이 많다.

필자는 기업들이 새로운 사업 영역에 투자한다고 발표하면 실제 가장 최근 1년간의 사업 보고서와 분기 보고서에 관련한 인재들이 얼마나 있는지 확인한다. 기업에 투자를 판단할 때는 반드시 사람,

---

[1] 정송 KAIST 김재철AI대학원장 〈중앙일보〉 인터뷰, https://www.joongang.co.kr/article/25207073

206

그림 63 | 기업별 AI 분야 임원 현황(2023년 3분기 기준)

기업	성명	성별	출생년월	직위	등기임원 여부	상근여부	담당업무	주요경력	학력
삼성전자	승현준	남	1966/06	사장	미등기	상근	Samsung Research 글로벌R&D협력담당	Samsung Research 담당임원	Harvard Univ.(박사)
삼성전자	김대진	남	1974/06	부사장	미등기	상근	Samsung Research Global AI센터 담당임원	Samsung Research SoC Architecture팀장	Cornell Univ.(박사)
삼성전자	김정안	남	1976/04	부사장	미등기	상근	Samsung Research Global AI센터 담당임원	Samsung Research AI센터 담당임원	Carnegie Mellon Univ.(박사)
삼성전자	임근휘	남	1973/05	부사장	미등기	상근	Big Data센터 담당임원	Samsung Research AI센터 담당임원	한국과학기술원(박사)
삼성전자	정재욱	남	1976/07	부사장	미등기	상근	Samsung Research Global AI센터 담당임원	Apple, Sr. Engineering Mgr	Univ. of Waterloo(박사)
삼성전자	최창규	남	1970/03	부사장	미등기	상근	SAIT AI Research Center장	종합기술원 AI&SW연구센터장	한국과학기술원(박사)
삼성전자	이원경	여	1979/09	상무	미등기	상근	Big Data센터 담당임원	Samsung Research AI센터 수석	Univ. of Illinois, Urbana-Champaign(박사)
삼성전자	이윤수	남	1975/11	상무	미등기	상근	Samsung Research Data Intelligence팀장	Samsung Research AI센터 수석	Univ. of Maryland(박사)
삼성전자	이주형	남	1972/08	상무	미등기	상근	Samsung Research Global AI센터 담당임원	Samsung Research AI센터 담당임원	Univ. of Texas, Austin(박사)
삼성전자	임백준	남	1968/07	상무	미등기	상근	SRUK연구소장	Samsung Research Global AI센터 임원	Indiana Univ., Bloomington(석사)
삼성전자	조준영	남	1973/08	상무	미등기	상근	Samsung Research Global AI센터 담당임원	NC Soft, Lab장	한국과학기술원(박사)
삼성전자	훌거철	남	1977/11	상무	미등기	상근	Mobile eXperience 모바일플랫폼센터 담당임원	Samsung Research Global AI센터 담당임원	한국과학기술원(박사)
삼성에스디에스	권영준	남	1973/10	부사장	미등기임원	상근	연구소장	연구소 AI연구센터장	Harvard Univ. 컴퓨터과학 박사
삼성에스디에스	엄재홍	남	1975/08	상무	미등기임원	상근	솔루션사업부 AI Automation사업팀장	솔루션사업부 RPA사업팀장	한양대 컴퓨터공학 박사
삼성에스디에스	이해원	남	1979/04	상무	미등기임원	상근	연구소 AI연구센터장	연구소 ML연구센터장	Univ. of California, LA 컴퓨터공학 박사
SK텔레콤	권혁성	남	1975/07	담당	미등기	상근	T범드 담당	AI/OT 담당	
SK텔레콤	김영준	남	1972/09	담당	미등기	상근	AIX전 담당	AI기술Unit장	
SK텔레콤	김용훈	남	1978/07	담당	미등기	상근	AI서비스사업부 담당	우아한형제들 CPO	

출처: DART(전자공시) 2023년 3분기 분기 보고서

즉 '인재'를 확인하는 습관을 가져야 한다.

〈그림 63〉은 해당 기업들이 2023년 3분기에 전자공시 시스템에 공시한 '분기 보고서'의 '임원 현황'에서 확인한 명단이다. 최근 3년 정도의 분기 보고서를 역추적하다 보면 관련 분야 인재가 어떻게 이동하고 늘어나며 관련 분야 임원들의 승진 속도가 어떤지 등을 통해 해당 분야가 잘되고 있는지를 판단할 수 있다. 여기서 한 걸음 더 나아가 이들의 주요 경력과 출신 학교 및 나이대를 확인하면 앞단에서 언급한 '인적 네트워크' 구성도 어느 정도 유추할 수 있는 단서를 얻을 수 있다.

허미니아 아이바라Herminia Ibarra 인시아드 교수는 경영자로 성공하려면 세 가지 인맥을 잘 관리해야 한다고 설명한다. 첫째는 '사내 인맥'이다. 일을 효율적으로 추진하고 목표를 달성하기 위해선 지원 세력 구축이 필수적이다. 인맥을 쌓는다고 바깥으로 돌다 보면 정작 조직이 어떻게 굴러가는지 모르게 되는 경우가 있다. 아이바라 교수는 "조직을 파악하고 장악하는 것이 외부 인맥 구축보다 먼저"라고 강조한다. 잘 갖춰진 사내 인맥은 경영자가 의도대로 사업을 추진하는 데 도움이 된다.

둘째는 '전문가 인맥'이다. 아이바라 교수는 전문가 인맥을 전략적으로 경영해야 한다고 말한다. 전문가 인맥은 다른 업종의 경영자나 대학교수 등을 의미한다. 자신의 사업 발전을 위한 조언과 새로운 사업 아이디어를 구할 수 있는 다양한 전문가 네트워크를 구축하는 것이 좋다. 전문가 인맥을 쌓는 효과적인 방법은 능동성을 기르는 것이다. 자신에게 필요한 인맥이라고 생각되면 주도적으로 연락해 약속을 정해야 한다. 외부의 전문 네트워크를 지속적으로 유지하기 위해 전문가 간 연결의 구심점 역할을 하는 '슈퍼 커넥터'가 되는 것도 방법이다.

셋째는 '개인 인맥'이다. 앞선 두 가지 인맥이 공적 네트워크의 개념이라면, 개인 인맥은 사적 네트워크라고 할 수 있다. 사업에 대해 이야기할 인맥도 필요하지만, 이것 못지않게 필요한 것은 개인적 긴장과 스트레스를 나눌 사람들이다. 힘들 때 약점과 어려움을 스스럼없이 털어놓으며 얻는 위로와 안식이 경영자가 한층 성숙해지는 계기를 마련해준다.

유용한 정보는 가장 친한 사이에서 돌아다니는 것이 아니라, 적당한 친분이 있는 네트워크에서 더 많이 돌아다닌다. 기업의 인재가 능력을 발휘하기 위한 조건이다. 최정예 전문가들이 모여 적당한 친분과 적당한 거리의 네트워크에서 발생하는 시너지가 높은 기업을 찾아라. 그 기업이 가치가 있다.

변하지 않는 것에 투자하라

중장기 투자자를 위한 이기는 투자의 조건

초판 1쇄 인쇄 | 2024년 5월 24일
초판 1쇄 발행 | 2024년 6월 10일

지은이 박주근
펴낸이 최기억, 성기홍

기획 · 편집 · 마케팅 · 제작 출판사 월요일의꿈
디자인 푸른나무디자인

펴낸곳 (주)연합인포맥스
출판등록 2008년 4월 15일 제2008-000036호
주소 (03143) 서울특별시 종로구 율곡로2길 25, 연합뉴스빌딩 10층(수송동)
전화 02-398-5269 팩스 02-398-4995
이메일 sabm2000@yna.co.kr
홈페이지 https://news.einfomax.co.kr

ISBN 979-11-976461-7-1 (03320)

ⓒ 박주근, 2024